图书馆服务创新与信息管理体系研究

谭 进 著

中国华侨出版社
北京

图书在版编目（CIP）数据

图书馆服务创新与信息管理体系研究 / 谭进著. --北京：中国华侨出版社，2022.2

ISBN 978-7-5113-8749-3

Ⅰ.①图… Ⅱ.①谭 Ⅲ.①①图书馆服务—研究②图书馆管理—信息管理—研究 Ⅳ.①G25

中国版本图书馆CIP数据核字（2022）第008393号

图书馆服务创新与信息管理体系研究

著　　者 /	谭　进
责任编辑 /	姜　婷
封面设计 /	白白古拉其
经　　销 /	新华书店
开　　本 /	787毫米×1092毫米　1/16　印张/10.5　字数/220千字
印　　刷 /	北京天正元印务有限公司
版　　次 /	2023年5月第1版　2023年5月第1次印刷
书　　号 /	ISBN 978-7-5113-8749-3
定　　价 /	52.00元

中国华侨出版社　北京市朝阳区西坝河东里77号楼底商5号　邮编：100028

编辑部：（010）64443056

发行部：（010）88189192

网址：www.oveaschin.com　　E-mail：oveaschin@sina.com

如发现印装质量问题，影响阅读，请与印刷厂联系调换。

前言

21世纪是知识经济的世纪，信息、知识在促进经济和社会发展方向将发挥越来越重要的作用。科学技术正在突飞猛进，迅速改变着这个世界，以知识和信息为基础，竞争与合作并存的全球化的市场经济正在形成，国家科技进步对经济增长的贡献已经超过了其他生产要素贡献的总和，人类的未来和国家的繁荣比以往任何时候都更加依赖于创造和应用知识的能力和效率。图书馆是聚集知识和信息的大宝库，如何使它所容纳的各种各样的知识与信息转化为现实的生产力，这就需要图书馆的创新管理。实际上，图书馆在适应社会的不断发展中，始终伴随着自身的进步与创新。

以网络为中心的计算机技术、通信技术、数字信息化技术的飞速发展给图书馆带来了一个全新的网络环境，正在把传统图书馆推向全球一体化、网络化的新境地。信息技术的兴起与快速发展，使人类进入了信息社会。现代信息技术的发展是以网络化为前提，在现代社会中，拥有信息量的多少是一个图书馆在社会中重要程度的体现。由此可见，信息化给图书馆带来了机遇，但也带来了极大的挑战。也就是说，作为信息行业得要组成部分的图书馆，信息化环境对其文献信息工作提出了新的要求，这也迫使图书馆必须由传统的服务与管理模式。

此外，现代图书馆正处于传统图书馆与数字图书馆共存互补的转型期。在新时期，图书馆的服务环境、资源类型、用户群体等都发生了比较明显的变化，使现有的信息管理与服务面临着严峻的挑战。同时，随着信息传播技术的高度发达，人们获取知识和信息的途径越来越便捷多样，如果图书馆继续沿用传统的服务理念和管理方式，势必导致读者的大量流失，无形中削弱了图书馆的服务能力，弱化了图书馆存在的社会意义。在信息化社会中，如何利用现代信息技术，开展信息化服务，提升图书馆的服务质量，已经是亟须解决的难题。

基于此，本书主要从现代图书包鹤息管理及服务的现状出发，首先对图书馆服务基础做了研究，并对现代图书馆信息化技术做了介绍；然后对图书馆信息管理与服务创新策略做了探析。提出了一些新的观点，归纳总结出图书馆管理和服务的新理念，力争能够用现代服务理论去解决图书馆服务中的实际问题。

目 录

第一章 图书馆服务基础 ··· 1
　第一节　图书馆服务理念 ··· 1
　第二节　图书馆服务组织 ··· 6
　第三节　图书馆服务用户 ··· 11
　第四节　图书馆服务资源与环境 ··· 17

第二章 图书馆信息技术的整合 ··· 28
　第一节　图书馆数字资源整合 ··· 28
　第二节　图书馆网络信息资源整合 ·· 31
　第三节　图书馆知识资源的整合 ··· 36

第三章 图书馆信息采集管理 ·· 42
　第一节　图书馆信息采集的具体要素 ······································ 42
　第二节　图书馆信息采集工作 ··· 47
　第三节　RFID技术在图书馆信息采集中的应用 ······················ 49
　第四节　图书馆网络信息的采集 ··· 56

第四章 图书馆信息管理及服务评价与体系构建 ························ 63
　第一节　图书馆服务管理系统的理论技术 ································ 63
　第二节　图书馆数字化服务体系的构建 ··································· 66
　第三节　图书馆知识服务体系的构建 ····································· 69
　第四节　图书馆成人教育服务体系的构建 ································ 71

第五节　图书馆信息服务水平的评价方法与绩效评估 …………… 74

第六节　图书馆服务创新评价体系与质量评价体系的构建 ……… 78

第五章　图书馆参考咨询服务创新 …………………………………… 82

第一节　参考咨询服务概述 ………………………………………… 82

第二节　参考咨询服务内容 ………………………………………… 86

第三节　图书馆阅读推广服务创新 ………………………………… 93

第六章　图书馆社会化服务创新 ……………………………………… 104

第一节　图书馆社会化服务 ………………………………………… 104

第二节　图书馆社会化服务的模式 ………………………………… 108

第三节　图书馆社会化服务的目的及功能 ………………………… 111

第四节　图书馆社会化服务建设 …………………………………… 115

第七章　无线网络环境下的图书馆泛在化服务创新 ………………… 119

第一节　图书馆泛在化服务 ………………………………………… 119

第二节　无线网络的发展及其对图书馆泛在化服务的促进作用 … 124

第三节　无线网络环境下图书馆泛在化服务系统的构建 ………… 126

第四节　无线网络环境下图书馆泛在化服务 ……………………… 132

第八章　图书馆信息化管理服务创新策略 …………………………… 135

第一节　图书馆增值信息服务 ……………………………………… 135

第二节　图书馆知识服务 …………………………………………… 142

第三节　基于 Web 3.0 的个性化服务模式创新 …………………… 151

第四节　基于移动图书馆的服务模式创新 ………………………… 154

第五节　基于图书馆联盟的服务模式创新 ………………………… 157

参考文献 ………………………………………………………………… 161

第一章 图书馆服务基础

第一节 图书馆服务理念

一、图书馆服务理念概述

(一) 服务理念的含义

"理念"一词是一个西方概念，在英文中常翻译为 concept、conception、idea、notion、thought 和 impression。其中，concept 和 conception 是人们所用最基本的"概念"，通常用来解释成形的思想理论，表示为"头脑中已形成的一种公式化思想、明确而系统的观念或想法"。idea 一词用法最为普遍，并具有很强的综合性特征，常用来表示一种在信息中不被察觉的"映像"。thought 一词区分于简单的观察、感受和愿望，它是经过一定的思维和推理过程而得出的，带有显著的智力性特征。notion 通常指一种模糊的概念，甚至是毫无意义的思想。impression 是指人脑受外界影响而在脑海中形成了笼统的记忆、观念和想法。在汉语中，"理念"是思维活动的成果，也是人脑海中客观事物的一般形象。因此，不论是哪种用法，"理念"事实上就是人们对现实事物的看法和观念。

一般来说，生产有形产品的目的是满足人们的日常生活需要，这种价值需要主要体现在有形产品的规格与特性上。因此，有形产品的生产、开发与销售主要以研究产品的规格和特性为主。而服务作为一种无形的概念，这种需求标准对于它并不适用。对此，服务型行业进一步提出了"服务理念"思想，通过明确"服务理念"满足消费者的实际需求。服务理念作为人类在展开服务活动中形成的观念，在活动过程中占有主导地位，服务理念是人们在实践中总结的深刻认识，是服务活动的重点所在。服务行业中的服务能够在消费过程中为消费者提供一定功能性和可用性的指引，以更好地满足消费者的实际需要。服务行业在提供服务过程中不断地进行经验总结，逐渐形成了具有开放性、独特性和导向性的较为完备的服务理念。

服务理念主要包含服务宗旨、任务、目标、使命、精神、方针政策等多个方面，这些内容是在服务过程中所形成的指导性思想，在服务中能够起到积极的推进作用。

1. 有利于企业的管理

服务理念的产生与发展对于企业管理具有重要意义。服务是一种无形的活动，它与有形产品的生产、开发和销售不同，服务是在满足消费者实际需求的过程中所提供的无形产品，对于满足消费者需求具有推进作用。因此，树立正确的服务理念对于增强企业管理能力具有重要作用。

2. 有利于服务标准的衡量

服务具有无形性特点导致了对服务的衡量具有一定的难度，而服务理念则是将无形的服务转化为有形的文字标准，这样社会公众就可以通过语言文字明确认识到服务的具体内涵，使服务的衡量变为可能。

3. 有利于服务特色的建立

一个企业的服务理念彰显着企业的文化精神，好的企业理念能够对企业起到一定的宣传作用，积极、合理的服务理念能够帮助企业树立健康、正面的企业形象，可以有效吸引消费者加深对企业的了解。建立具有企业特色的服务理念，能有效促进企业的进一步发展。

4. 有利于增强员工的服务意识

服务不是一种强制性活动，它体现为员工的自主性。明确的服务理念可以准确地向员工提供指令，提升员工的心理认同感，增强员工的自主服务能力，进而推动企业服务行为的进一步发展。

总体来说，消费者的实际需求促使了服务理念的产生和发展。消费者对于企业的要求不是固定不变的，因此，企业应根据消费者的实际情况，不断调整服务方向，提出符合企业文化特征相符的服务理念，以吸引消费者。

（二）服务理念的重要性

与工业部门不同，服务部门能够直接接触消费者，而产品的生产者、制造者和分销者都只能在产品初期间接地影响消费者。在服务部门中，服务递送系统与服务人员是产品服务的重要组成部分。服务递送系统主要包括服务人员能力、服务人员态度、服务人员表现等，服务递送系统与服务人员对消费者需求的影响是直接体现的。因此，要加强服务管理，首先应明确服务理念。

服务理念在实际应用过程中容易被错误理解，这主要由两方面原因导致。第一，服务人员行为。服务在生活中无处不在，而服务人员自身行为具有一定的自主性，因此在服务理念的传递过程中会对服务人员举止、态度产生不同的作用，从而影响服务理念的推行。第二，消费者自身因素。消费者对服务理念的理解存在差异，也会对服务理念的传递造成影响。因此，服务企业应基于消费者角度出发，充分认识到服务理念对于消费者和服务人员的影响，明晰本企业的服务理念。服务企业为了更好地传递其服务理念，应着重注意以下几个方面。

1. 市场细分

不同的消费群体有着不同的需求范围，因此有必要在研究消费者总体市场的基础上，对消费者的不同进行市场的再次分割。分割后的市场可以按照消费者需求与期望的不同再划分为多个子市场，这样来保证不同消费群体都有符合其自身需求的市场存在。不同的消费子市场面对的消费群体不同，企业应当加以区分。

2. 定位消费者目标市场

消费者市场被细分后，每个子市场的消费者需求则进一步凸显，这就要求企业应针对不同的消费群体提供相应的服务，以满足消费者的需求。服务企业在针对细分的子市场做出服务规划时，应从市场的消费能力和市场的竞争力两方面进行着重考量。

3. 创新服务递送系统

一个具有创新能力的服务型公司，它必定拥有规范划分的消费者子市场，并且能够根据子市场的消费者特性制定出符合消费者需求和期望的产品和服务。服务递送系统总是处于变化之中，因此，企业服务理念必须具有创新性才能够适应服务递送系统以及消费者市场的需要。

(三) 图书馆服务理念的概念

图书馆服务理念，是指图书馆作为服务组织的自我认知与定位，即解决为谁提供服务和如何提供服务的问题。图书馆服务的形式经历了一个由封闭到开放、由局部到整体、由实体到网络、由被动到主动、由有时到随时的演进过程，图书馆服务内容与方法也在不断推陈出新，以适应社会发展的需要。与此同时，图书馆的服务理念也随着图书馆服务内容的更新和服务手段的革新而不断发展创新。现今社会，图书馆服务理念的主要观点为：文献信息服务是图书馆的基本产品，读者和用户是图书馆的直接顾客，不断满足读者和用户明确的或潜在的知识信息需求是图书馆改革和发展的落脚点。

现代图书馆应确立符合现实需要的服务理念，以适应新的社会环境与人类需求，只有推进服务理念的建立与创新，才能实现企业的良性发展，进而应对社会与网络环境等多方面竞争压力。图书馆服务理念是图书馆服务工作的核心内容，它既是图书馆整体工作思想的重要组成部分，同时也是图书馆工作的服务准则、服务态度和服务手段。图书馆服务理念是在长期图书馆服务实践中总结而来的服务经验，它能够客观地反映图书馆服务工作的发展趋势，同时也为图书馆整体工作的进一步发展奠定了坚实的理论基础，为图书馆的服务工作指明了方向。

现今社会，"服务"这一概念随着社会的转型和发展不断发生着变化。其中，图书馆"服务"的变化体现为：服务大众的模式由"以藏书为中心"转变为"以读者为中心"；服务的对象由"图书馆读者"转变为"社会读者"；服务的范围由"图书馆服务"转变为"资源共享服务"；服务的内容由"图书馆提供"转变为"电子信息资源"；服务的功能由"传递文献知识"转变为"多元化信息共享"；服务的观念由"无偿服务"转变为"有偿服务"等。

二、我国图书馆服务理念的特点

（一）体现人本服务

人本服务是一种以人为中心的服务观念，是图书馆服务工作中应当贯彻始终的重要思想。人本服务的理念主要关注受众人群的心理需求，图书馆根据需求变化不断转变服务手段。图书馆不同于一般社会企业，由于其具有公益性特征，因而不存在一般的市场竞争。但作为服务型机构，坚持人本服务有助于更好地发挥图书馆的职能，体现图书馆的文化优势，吸引大众巧妙利用图书资源，进一步促进图书馆服务工作的完善。

坚持人本服务的理念，首先要以公众的需求为基础，建立起符合读者实际阅读需求的图书馆馆藏体系；其次，图书馆应创设良好的阅读环境与服务环境，阅读环境主要指图书馆设备设施、实际环境等客观因素，服务环境主要指良好的服务态度与行为，为读者提供舒适的阅读氛围；最后，图书馆应优化服务质量，这里的服务质量主要是指图书馆服务项目方面是否能够满足用户需求，不断对自身的服务品质进行有计划、有目的的提升，以保证服务的品质与成效。

（二）体现特色服务

特色主要指事物与其他事物相区别而独有的风格与形式，这种独特的风格、形式是由事物本身性质或实际环境因素决定的。图书馆是以公益性为特征的服务机构，它的主要资金来源是政府拨款。而图书馆的服务群体千差万别，很难用有限的资金满足所有人的需求。因此，特色服务理念的确立能够有效推进图书馆的服务体系的建立。

图书馆特色服务理念的建立要关注以下三方面内容：首先，选择服务对象时要以现有馆藏和接受服务群体为基础，避免盲目选择；其次，确定服务内容时要以用户实际需求为主，现有的优势项目要加以完善；最后，转变服务方式时要注意摒弃旧的服务方式中的不足，确立新的服务方式时应以读者为核心，始终坚持以满足读者需求为工作重点。

(三) 体现馆际服务的协作

随着现代科学技术的发展，知识的覆盖范围越来越广，未知世界的范围不断扩大。任何一所图书馆都不能保证对所有学科知识兼容并包。因此，馆际协作成为一种必然的发展趋向。首先，从图书馆的性质来看，虽然图书馆的类型多种多样，但是大多数是由政府投资建立的，因此图书馆的馆际协作具有良好的基础；其次，从图书馆的发展前景来看，实现文献信息的资源共享是图书馆人的期望，而馆际协作能够有效促进信息资源的传播与共享，但是馆际协作所促成的信息资源交流的范围较小，因此图书馆主要应提升自身馆藏实力以提高图书馆服务的整体水准，实现更大范围内的信息与资源共享；最后，从图书馆的能力来看，目前计算机技术的迅猛发展为图书馆馆际协作奠定了基础，以网络为平台，可以实现用户对图书馆资源的实时运用。

(四) 信息服务的无障碍化

所有公众都有享受图书馆服务的权利，而不受民族、国籍、年龄、性别、宗教信仰、语言、能力、经济和就业状况或教育程度的限制；必须确保那些由于某种原因不能得到主流服务的少数群体也能够平等地享受到各种服务。虽然这一概念已明确提出，但是在实际应用中，针对弱势群体的图书馆服务仍然比较欠缺。因此，信息服务的无障碍化应当作为日后图书馆服务工作的重点关注项目，在特殊人群服务上加以考量，真正实现不同的社会群体知识信息获取的平等化。

三、我国现代图书馆服务的原则

(一) 开放性服务原则

在过去，开放性原则主要指的是图书馆服务的公共化，而在很早以前，我国就已经实现了图书馆面向公众的开放化。但是由于社会的发展程度不同，开放性服务的概念也与早期有所区别，现代意义上的开放性服务主要体现在以下方面。第一，资源的全面开放。这种开放主要指图书馆中所有文献资源、馆内设备均向用户开放，所有图书馆人员都直接或间接服务于用户；第二，图书馆实时开放。虽然我国暂没有实现图书馆的全天候开放，但是网络服务可以实现24小时的文献知识获取，在一定程度上保证了图书馆服务时间的延长；第三，馆务信息的公开化，这里包括图书馆中便于服务用户全部相关信息的公开。

（二）全面性服务原则

全面性服务原则主要体现在两个方面：一是用户在使用图书馆时能够得到全面的服务，主要包括图书馆内设施的完备为用户提供方便，图书馆的工作人员为用户提供优质服务；二是对潜在用户需求的开发与服务，图书馆根据实际的调研结果，有针对性地开发和完善新的项目，进而满足受众人群的需求。

（三）便利原则

便利原则指图书馆要为用户提供方便，保证用服务节约用户的时间，保证服务的质量和成果，主要表现在：图书馆的位置的选择上要以交通便利为首要考量标准；设置快捷合理的检索方式保证馆藏资源利用的效率；要确保图书馆服务用户过程的简练化。

（四）满意原则

图书馆不断转变自身的服务手段、加强服务人员素质、完善服务内容、确立新的服务体系，最终期望的目标是满足用户需求，实现用户满意。

第二节　图书馆服务组织

一、服务组织概述

（一）服务组织的含义

服务组织是指在进行服务工作时，依据实际情况进行分工而形成的各服务部门。受到各种因素的影响，服务组织可以分为多种不同形式：基于社会需求，服务组织可以分为政府部门、医疗机构、福利机构、运输机构等；基于机构内部的需求，一个服务机构中又成立了多个服务部门，以满足整个服务系统的正常运转，如图书馆服务工作主要由采编、借阅、技术和咨询等多个部分共同组成。

（二）服务组织的性质

从性质上看，服务组织主要由营利性服务组织和非营利性服务组织构成。营利性服务组织主要的目的在于获取经济利益，又叫作经济型组织。这种服务组织形式多变，手段灵活，主要采取单体运行的方式进行组织运转。非营利性服务组织又称公益性服务组织，它的服务主体是无偿的。非营利性服务组织在形式上通常可以分为若干个等级层次，每级上下隶属关系清晰明确，且关系形成后基本不会改变。就我国图书馆而言，作为非营利性服务组织，其下又可细分为公共系统图书馆、专业系统图书馆和高校系统图书馆等多个分支。

（三）服务组织系统及要素

服务组织系统是由社会服务活动中服务组织的组织机构、基本设施、信息资源以及服务产品等多方面内容组合而成的系统。其中，组织机构、基本设施和信息资源是服务组织系统的核心内容，这三种因素的影响，会导致不同的服务组织形成不同的服务效果，即影响其服务质量。服务组织自身具有发展和创新的特性，它会随着社会的变革和技术的发展更新自身的服务内容与范围，增强自身服务的质量与水平。

另外，从服务组织系统内部性质上看，服务组织又可以分为宏观服务组织和微观服务组织。宏观服务组织是指社会服务行业在开展服务时对各系统因素进行组织；微观服务组织是指各服务部门在开展服务活动时在自身内部对各系统因素进行组织。

二、图书馆服务组织

现如今，随着社会的发展，对图书馆的服务工作也有了新的要求。为了推进图书馆服务工作的进一步开展，就需要对相关的服务组织进行服务方式的革新。传统面向业务流程的组织也不适用于当今社会的需要，服务组织迫切需要向面向具体任务服务的组织转变，不断根据服务工作的发展更新服务内容，保证服务效果的最优化。

（一）图书馆组织文化的设计

1. 正确认识图书馆的定位

一所图书馆的先进与否不只在于硬件设施是否齐全和馆藏资源是否丰富，关键还在于图书馆能否利用有限的资源发挥自身的最大价值。正确的定位能够引导图书馆设计更为合理的组织文化。

2. 提出共同目标

这一点主要是针对图书馆管理者而言。领导者应该深刻意识到，真正的组织文化潜藏在组织成员的意识中，而领导的作用就在于根据社会的变革与发展提出明确的发展目标，为员工绘制一幅宏伟的发展蓝图，让员工真正意识到组织事业发展的多种可能性，激励员工认可和赞同组织文化，为了更好地促进组织发展贡献力量。

3. 引导员工树立正确的价值观

从根本上讲，文化是一种思维观念，它作用于人脑，并通过人的思维方式和行为方式表现出来。组织文化渗透员工的脑海中，则表现为一种更为强大的文化底蕴，人们所常说的风气、精神面貌等都是组织文化的真实反映。图书馆领导者除了要为员工提供良性的发展方向外，还应该注重员工的心理建设，倡导员工树立正确的思想观念，激励员工为实现组织的发展贡献力量，使每一位员工都具有高度的组织认同感和责任感。

4. 明确规章制度

通常情况下的规章制度主要是针对技术、操作等方面进行的细节规范，很少会对文化层面，如员工的行为举止、服务用语及服务环节进行深刻考量。为了完善组织文化，创设更具优势的组织文化氛围，图书馆可以将服务环节列入对员工的考核范围内，将服务质量划为物质奖励的重要组成部分，从具体的制度要求上规范服务行为，提升服务质量。

（二）图书馆组织文化的塑造

组织文化的兴起和发展是一个循序渐进的过程，优秀的组织文化的建设不是一蹴而就的。为了推进优秀的组织文化建设，图书馆应该从两方面进行考虑：第一，就组织内部来说，图书馆必须明确建立自身系统的内在目标，如价值体系、规章制度、行为规范等。第二，就组织外部来说，图书馆所建立的组织文化机制既要能够向自身员工渗透，也要能够向公众传播，以组织文化塑造良好的组织形象。组织文化首先是一个概念，然后通过各种机制慢慢渗透，逐渐成为员工的主动行为。组织文化正式形成后，会在实践中形成一套相应的规划，包括工作环境、服务标语、组织活动、规章制度、管理理念、价值准则、职业道德和精神风貌等。

1. 工作环境

工作环境主要是由图书馆内部形态、布局、颜色搭配、书架位置、各个层次的浏览区和馆内标识、环境卫生与秩序、工作人员服装等因素构成的。图书馆应该以得到用户的认同感为首要目标，首先从表层文化塑造入手，如干净整洁的工作和阅读环境、清晰的指示标识、良好的环境秩序等都会为用户留下深刻印象。

2. 服务标语

服务标语是组织文化的外在表现形式，是组织服务宗旨的凝练。但是服务标语不是简单的口号，图书馆服务工作的好坏主要体现在员工的行为上，只有员工真正领会服务标语的真实意义，才能够保证员工的行为符合服务的规范。因此，图书馆应该加大宣传和引导力度，做到服务标语不仅深入每一位员工内心，更渗透用户的头脑之中，巩固和提升图书馆在用户心中的位置。

3. 组织活动

图书馆定期开展不同形式的组织活动能够有效加强各部门、员工之间的交流合作，更好地开发信息资源，同时可以通过信息交流和传递增强员工的责任感与归属感。通过组织活动，可以强化员工的价值观念，在潜移默化中提升向心力，增强集体凝聚力。

4. 规章制度

规章制度的制定与实施，能够真正将组织文化落实到实际中去。通过图书馆相应的规章制度，可以培养员工的服务精神，这种服务精神能够在实际工作中转化为员工的行为和活动原则。良好的规章制度能够使图书馆整体系统处于平衡状态。

5. 管理观念

作为一种超越具体业务和实用技术的领域，管理观念是对组织文化核心内容和组织团体的意识形态的高度概括，也是组织精神和价值观的最高表达。

6. 价值准则

图书馆应树立"用户至上"的价值准则，这一准则总结了图书馆管理所追求的目标。核心的价值观贯穿图书馆工作的各个方面，使图书馆工作人员认同规章制度的组织文化和管理观念，使整个图书馆形成团结一致的氛围。

7. 职业道德和精神风貌

职业道德观念在图书馆工作人员的思想中根深蒂固，体现在图书馆工作人员的实际工作中。良好的精神风貌能够鼓舞员工士气，展示他们的整体形象。

（三）组织文化塑造过程中问题

1. 完美的服务是增值服务

组织文化具有主观性，组织文化的价值观会影响图书馆员工的精神层面，进而影响员工的实际行为。完美的服务可以让用户产生强烈的认同感，体会到自身的重要性。积累越来越多的用户认同感能够提升组织价值，使服务发挥间接的增值作用。

2. 必须有与组织文化相适应的保障机制

组织文化的建设是十分重要的，但是如何建设组织文化是问题难点所在。它要求图书馆决策者以科学合理的眼光和思维来研究探讨一系列重要问题，例如，内部组织的合理性、管理制度的科学性和管理手段的有效性、图书馆经营模式的先进性和独特性以及与外部社会环境动态平衡的整体性等。只有在此基础上，才能构建起专业的图书馆领导层和结构合理的图书馆服务组织。

3. 组织文化要量体裁衣

组织文化建设是图书馆的"软件"建设，其关键是实施过程。但是每个组织都有自身特有的情况，所以应该有选择地学习先进的组织文化，而不是完全照搬，只有与本馆相适应的组织文化才是最好的。

（四）图书馆服务组织发展趋势

1. 图书馆服务组织虚拟化

在信息时代，虚拟化是当代图书馆所追求的目标，即图书馆虚拟化。然而，这一说法与"虚拟图书馆"有明显区别。"虚拟图书馆"主要为人们提供了信息技术背景下的虚拟知识资源与服务，但是无法明确论证信息时代图书馆的结构模式以及运行方式。因此，为了进一步研究图书馆的功能、结构以及运行模式，就需要对"虚拟组织"做进一步探讨，拓宽图书馆虚拟化的研究视野。建立虚拟组织是一个循序渐进的过程，虚拟组织能够为图书馆的发展与创新提供方向，有助于提升工作效率，完善管理模式。在信息技术飞速发展的今天，图书馆应该追求更高层次的专业化与合作化，在提升总体实力的基础上为用户提供及时有效的高品质服务。

2. 图书馆服务组织协作化

以追求图书馆虚拟化为基础，为了取得更好的发展，提升服务效率，图书馆更应当加强馆际之间的协作。一个服务组织若想要提升自身的水平和力量，只是实现了自身的专业化是不够的，要想得到跨越式的发展，必须实现专业化与合作化相结合，合理的协作方式能够为自身和公众创造出更大的价值。

（1）建立图书馆协作体

未来图书馆的运行模式，应是以"图书馆协作体"为前提的。总体来说，建立图书馆协作体的根本目的在于实现信息资源的共建共享。最初，图书馆协作体的形式是馆际资源互借和目录联合，虽然这种形式与现如今的网络资源交流相差甚远，但是这种协作体的出现具有深远的影响，它打破了原有的图书馆单独运作的传统形式，为进一步促进信息资源共享奠定了基础。

目前来看，影响图书馆协作体建立的主要阻碍是体制问题，这里的体制不是图书馆作为行政组织系统的隶属关系，而是指要建立图书馆协作体，就要确立起相应的制度和规则以维持资源共享体系。资源的共建共享首先要建立在图书馆之间的互利互惠基础上，形成内部组织系统之外的图书馆利用共同体，促进不同图书馆能够在共同体内的效益流通与信息资源共享，推动建立全新的信息时代共享网络。

（2）建立与出版商的伙伴关系

图书馆建立起与出版商的伙伴关系，能够达到满足需求与实现利益的双赢。随着出版物、数据库价格的提升，图书馆更多是通过图书馆协作体与出版商进行交流，增强自己的市场竞争力；出版商则可以通过图书馆协作体，间接地为协作体成员提供新的商品与服务。在电子信息时代越来越发达的今天，图书馆应加强与出版商的合作，才能够有效保证信息资源的存取与利用。

（3）ASP：图书馆新的合作伙伴

ASP（Application Service Provider），即应用服务提供商，是指利用网络为用户提供托管、管理应用程序和相关服务的网络服务商。ASP存在的最常见的形式是人们所使用的免费电子邮件网络系统，更广泛地应用于为企业提供在线工具，如日常办公软件等。对于图书馆来说，可以运用ASP的互联网应用，通过电子邮件、通信软件或论坛获取更多资源信息，获得更方便快捷的服务效果。目前来看，图书馆暂未形成在线自动化系统，如何将ASP发展为图书馆的有力工具还需要进一步研究探索。

3. 图书馆学习型服务组织

面对纷繁复杂的网络环境，图书馆及图书馆员应保持持续学习的积极性，服务组织不断学习，才能够保证在社会发展过程中保持自身的竞争优势。学习型组织理论能够为现代图书馆的转型和革新提供有效帮助，但是建立学习型服务组织是一个循序渐进的过程，图书馆应该将此作为思想指导，加强团队合作，制定战略计划，全面系统地思考，不断增强馆员的学习能力，保证自身在激烈的社会竞争中处于不败之地。

第三节 图书馆服务用户

一、图书馆读者与用户

（一）图书馆读者

传统图书馆学认为，一个人是否具备读者资格，首先要看他是否利用了图书馆文献资源，只有利用了图书馆资源，并且有能力进行阅读，他才能够被称为"读者"。因此可以总结出，图书馆读者是指运用图书馆供应的文献资源进行阅读，并且具有一定的阅读能力的社会成员，包括个人、团体、单位等。由此可见，图书馆读者既是文献信息服务的接受者，又是文献信息的使用者。

目前来看，图书馆读者是指根据图书馆提供的服务获取文献、知识和信息的用户。从某种意义上看，图书馆读者是社会读者总系统的一部分，它既包括图书馆现有的已注册的现实读者，还包括很多尚未使用图书馆资源的潜在读者。现实读者是指已办理借阅证或与图书馆存在借阅关系的社会成员；潜在读者是指尚未与图书馆建立借阅关系，但具有一定的阅读能力的社会成员，他们有成为读者的可能性，是图书馆现实读者的后备力量。在图书馆服务过程中，现实读者是图书馆研究和服务的首要对象，潜在读者是图书馆服务的次要对象。为了充分发挥社会服务功能，图书馆应充分研究掌握读者的阅读规律以及文献资源使用规律，努力将潜在读者转变为现实读者，提高图书馆的社会价值。

（二）图书馆用户

长期以来，图书馆的主要目标就是为读者服务。随着社会的发展，图书馆及图书馆概念面临着的转型。在现代信息技术与互联网的发展的基础上，图书馆由传统的实体化形式逐渐演化为实体与虚拟相结合的复合形式。因此，图书馆的服务范围也进一步扩大，不仅重视为社会成员提供阅读资源，同时致力于满足社会成员的文化需求、精神需求和娱乐需求，为广大社会成为创设人与人、人与资源之间自由交流的现代化空间与氛围。

二、图书馆用户文献信息需求特点

（一）社会化

随着现代图书馆服务水平和质量的提升以及信息资源的丰富，用户的信息意识得到了加强，需求也更加广泛化和多样化。在社会需求扩大的基础上，图书馆的服务范围也有了很大的扩展，由服务于地区、行业和单位的用户，逐步发展为服务于全社会的用户。

（二）集成化

长期以来，用户通常利用不同的方式来满足自身对信息的需求、对信息服务的需求以及对信息检索手段与系统的需求。比如，如果将用户的信息需求划分为利用环境条件得到信息、利用技术手段得到信息、利用信息服务得到信息和利用系统得到信息四种方式，当用户进行需求信息检索和利用时，信息资源分配的分散和信息技术利用的分离，决定了根据个体要求进行信息获取的行为模式。随着信息技术的发展，计算机技术、远程通信技术和网络信息处理技术之间不断渗透、融合，信息资源的开发、组织和分配状况也发生了变化。网络环境下，多种信息获取方式并行，用户可以根据个人客观需求获取相应的信息资源，使数据、信息资源的获取与发布集成为多功能、多通道、多模式的信息需求与服务利用行为。

（三）综合化

用户文献信息需求综合化，一方面指需求内容的综合化，另一方面指需求的全面发展。现如今网络信息技术的发展使用户所面临的资源越来越丰富，人们迫切需要获得内容综合、类型齐全、种类繁多、来源广泛的信息知识。而由于用户职业与角色定位不同，所得信息必须与工作及学习需求相匹配，因此对用户需求的满足应是全方位的。另外，用户对信息的选择方面可能存在着跨行业、跨领域的知识交叉，用户的知识需求往往不是单一的针对某一工作或行业，而是其领域可涉及的方方面面。例如，经济企业对产品开发时，要经过产品开发研究、决策、实施、管理和产品更换等多个环节。因此，在获取需求信息时，其要求得到的需求服务不是个别的，而是具有一定规模的综合化信息服务。

（四）高效化

用户文献信息需求的高效化主要体现在以下几个方面。第一，用户基于其职业需求，面对快节奏的工作，以及工作内容的快速转变，其资源需求往往需要得到快速满足。第二，只有高效率、高速度的信息服务工作才能保障快速进行信息处理，优化信息利用模式。第三，网络信息组织的完善以及传递方式的变化提供了高品质、高效率的服务信息，用户在信息技术的发展中逐渐习惯利用新技术来处理问题和进行沟通交流，进一步激发了用户对高效信息服务的需求。通信网络的普及和电子信息技术的发展，使信息资源传递高效化变为可能，而通信服务成本的降低为满足人们越来越丰富的信息需求奠定了经济基础。

（五）个性化

社会信息化的发展，提升了人们的信息观念与信息意识，对信息资源的需求明显增加，需求内容也越来越复杂。同时，网络环境为人们个性化的塑造提供了可能性，现代网络信息技术能够建立起信息交流与传递的高效机制，为每一名社会成员构建了符合自身个性发展需求的个性化空间，用户可以根据自身的实际需要自由地选择不同类别的资源信息。从社会成员角度来看，学生、教师、管理人员、技术人员等为个性化资源利用的主体，在网络条件下，他们的个性需求主要表现为以下四点。

1. 信息的获取

信息时代使人们的时间观念和效率观念不断增强，对于获取信息资源，人们也有着同样甚至更高的要求。网络信息的发展与完善让人们接触的知识层面不断拓宽，进而激发了人们对更高层次的知识与技术资源的需求。在信息的获取结果上，人们更加期望网络信息服务由关注社会群体需求转变为关注社会个体的个性化特色需求。

2. 信息的交流

当今社会，各社会领域和学科领域的交叉渗透愈加明显，由于用户所处领域不同，其对信息资源的需求也千差万别，但是由于不同领域、不同学科之间存在着综合性，因此用户的知识需求往往是多角度、多方面的。用户迫切希望能够得到与其他领域的专业人士交流和探讨的机会，实时掌握不同领域的发展动向，丰富自身的知识体系。

3. 信息的发布

信息的发布主要是指用户向外界传递自身理论知识或研究成果的需求，如科研项目、科研成果、课题项目、工作报告等，用户需要通过信息的发布创造一个与外界良性交流机会，进而满足自身的个性化需求。

4. 信息的咨询

人们在进行科研、教学或日常工作时，往往需要得到外界有效的知识或建议的干预，才能够使工作得到进一步发展。这时，就需要网络信息技术为用户提供及时有效的专业咨询来促进个性需求的实现。

（六）精品化

现代科学技术背景下，信息化与数字化迅猛发展，导致信息资源虽然种类繁多但是内容良莠不齐。在这种环境下，用户既希望得到不同种类的知识信息，同时又希望保证信息的高质量。因此，为了满足用户需求，图书馆应以用户的信息需求为前提，运用图书馆庞大的资源储备，对用户所需知识进行全面系统地收集、筛选和整理。此外，还可以通过信息知识的再次开发，提取高质量、高附加值的信息，启迪、开发用户的创造性思维。

（七）自助化

用户阅读要求的提升，要求图书馆不断升级自身资源与技术水平，以提供更加方便快捷的信息检索及获取技术。不断更新与发展的现代图书馆技术设施是实现用户自助检索和阅读的技术支持，为用户阅读开拓了更广阔的发展空间。与此同时，图书馆开展相应的用户技能培训，有助于提升用户的信息获取能力，进一步实现用户阅读的自助化。

（八）动态性

现如今，随着社会、经济、科技的快速发展，信息的内容也随着技术的发展不断更迭，信息知识的有效期明显缩短。这种信息更迭现象必然导致用户对知识的需求呈动态性变化。图书馆作为信息资源的重要载体，必须找到适应现代信息技术发展特点的信息存取方式，保证信息资源库随着社会的发展不断更新知识内容体系，及时反映学科研究及社会进展新动向，为用户提供明确、有效的实时信息资源。

（九）系统性

以计算机技术、网络技术和通信技术为中心的信息资源共享系统正在不断渗透人们的生活中，网络中种类多样，内容广泛的信息知识使得人们不再受到时间、空间的限制，能够在任何时间、任何地点实时搜索所需知识资源。图书馆与现代信息技术相结合，能够为用户提供全方位、系统化的知识信息。

三、图书馆用户类型

用户类型是图书馆服务的基本组成元素，具有不同知识需求的用户，构成了不同类型的用户群体。不同的用户群体根据其知识储备和社会经历各有其内在特征，体现出他们不同的文化需求。

（一）按用户规模划分

1. 个人用户

个人用户是现代图书馆的主要服务对象，它主要以自然人为主体，基于个人需求，单独使用图书馆的现有文献信息资源进行阅读或其他活动。个人用户涉及的社会成分较为广泛，学生、教师、干部、工人、农民、军人等均属于个人用户。

2. 集体用户

集体用户是指以同一组织、团体为单位或者根据个人意愿组成团体的图书馆资源使用者。这一组织或团体的主要特点是，组织或团体内部成员有着相同或相似的资源利用需求，他们可能学习同一门知识，或者从事同一份工作，他们可能以阅读组、借阅组、学习组、科研组、评审组、专题写作组等多种形式存在，需要在规定的时间内，阅读或借阅一定范畴、一定数量的文献资料或其他知识资源。在图书馆服务与管理方式上，集体用户的与个人用户明显不同。

3. 单位用户

单位用户是指以固定的机构形式使用图书馆资源的群体用户。单位用户可以分为三类：第一，图书馆的分支机构，例如公共图书馆、社区图书馆、资料室等；第二，与图书馆建立了伙伴关系的图书馆；第三，固定机构的群体用户。固定机构可以与图书馆建立起一定的借阅和资源共享关系，保证该机构所属个人或部门都能够在一定的制度下充分利用图书馆现有资源。

（二）按用户年龄划分

1. 少儿用户

少儿用户主要是指年龄为6—15岁的少年儿童群体，这一用户群体的主要特征是求知欲旺盛，活动能力较强，他们往往喜爱阅读但是容易受到外界环境干扰，阅读的时间较短，效率较低。这时的少年儿童正处于对知识较为渴求的阶段，并且初步具备了一定的思维和理解能力，因此，对于这一群体，图书馆应充分把握群体的特点，设置对他们具有吸引力的知识内容与服务，如兼具趣味性与知识性的书籍，帮助他们塑造正确的阅读和学习观念，协助他们在课堂教育之外掌握更多的新知识、新技能。

2. 青年用户

这一群体主要是指已成年的青年大学生、刚刚就业或暂未就业的年轻群体。这一阶段的用户通常处于学校到社会的转型时期，兼具学生和青年的双重心理，心理与生理日趋成熟，迫切需要将所学内容与社会技能融会贯通。针对这一群体，图书馆应与社会发展同步更新自身体系，为青年用户提供优秀的文化成果，帮助他们获取知识、增长智慧，更好地发挥个人才能。

3. 中年用户

中年用户是图书馆服务的主要群体，这一群体涉及范围较广，往往工作和知识水平较为稳定，社会经验较为丰富，他们的业务需要可以在一定程度上反映出社会与技术发展的大致方向。为满足这一群体的需求，图书馆需要提供精准的文献信息资源，加强对各级文献的管理，提升服务质量，增强用户的资源利用率。

4. 老年用户

老年用户通常没有特定的阅读需求，图书馆在服务这一群体时要保证耐心、热情地为他们解决相应问题。

（三）按用户资源需求划分

1. 盲目型用户

盲目型用户往往没有很强的主见性，他们没有明确利用图书馆的目的，可能受到他人的影响，被动地使用图书馆资源。这类用户通常不具备选择能力，无法明确自身的实际需求，也无法选择符合自身知识层面的相关文献资源。对于这类用户，图书馆很难提供相应的指导或服务。

2. 实用型用户

实用型用户与盲目型用户有明显的区别，这类用户在利用图书馆资源时具有明确的目的性。基于求学、求知的需求，他们更多地使用的是专业类的教辅书籍、期刊等。

3. 拓知型用户

拓知型用户与实用型用户具有一定的相似性，主要是出于一定的目的有选择地使用图书馆资源。不同的是，拓知型用户在知识的选择上主要是为了拓宽已有的知识层面，丰富自身的知识体系。因此，这类用户除了会阅读专业类文献资源外，还会涉及艺术、体育、军事、科普等多个方面。

4. 钻研型用户

钻研型用户是在实用型和拓知型用户基础上，提出更高发展要求的用户群体。这类用户需要借助图书馆资源进行更深层次的理论知识研究或开展专业工作，因此要求图书馆能够提供种类丰富、形式多样的最新知识资源，同时要求图书馆信息检索方式的高效化与准确化。

第四节 图书馆服务资源与环境

一、图书馆服务资源

（一）图书馆资源的构成

针对图书馆资源的构成问题，一直被很多人广泛讨论。有的学者从作为一种动态的信息资源体系的角度出发，提出图书馆资源由信息资源、用户信息需求、信息人员、信息设施四个方面要素构成；有的学者从同一角度出发，将图书馆资源分为文献信息资源、人力资源、技术资源、设备资源、建设资源、资金资源、读者资源等多种元素；有的学者将图书馆资源划分为四个方面：文献资源，即馆藏文献资源；网络信息资源，包括静态的数字化文献和动态的各类社会信息；人才资源，包括图书馆员和读者资源；设备资源，包括馆舍及各类设备。四川省图书馆文献建设委员会提出图书馆资源主要包括八个方面：馆藏的文献、图书馆专业人员、图书馆品牌、图书馆读者、馆舍、图书馆设备和用品、与图书馆有关的政策和法规、图书馆学理论和方法。

通过对图书馆资源的观察与分析，以上的划分方法都有其合理性和可行性，然而，有的划分涉及内容过于宽泛，有的划分则过于细化。现如今，人们通常倾向于将图书馆服务工作开展所需的资源分为文献信息资源、人力资源和设施资源，这是当前图书馆界较为流行的观点。

1. 文献信息资源

文献信息资源也称为信息资源，它是图书馆得以生存和发展的基础，它主要包括图书馆内提供使用的全部信息，具体分为馆藏文献信息资源、网络信息资源，也包括可共享的其他单位的馆藏文献信息资源。馆藏文献信息资源是指图书馆内收藏的可为用户提供知识信息服务的各种信息资源。网络信息资源是指借助于现代计算机网络系统，以联机方式为用户提供服务的信息资源，包含静态的文献数字化信息和动态的社会信息。共享的社会文献信息资源是指图书馆内并未收藏但可以利用某种方式进行使用的其他单位收藏的文献信息资源。

2. 人力资源

人力资源是图书馆事业得以发展的关键性因素，它主要包括从事图书馆相关工作的各类人员以及由人制定出的管理方法，具体可分为图书馆员、用户资源。其中，图书馆员资源主要包括图书馆理论和方法、图书馆政策和法规、技术资源，这些资源是图书馆员智慧的结晶。狭义上的人力资源仅指图书馆员，现如今对图书馆人力资源开发与管理的相关探讨大多数是从狭义的人力资源的含义上进行阐述的，很少把图书馆员以外的用户资源纳入人力资源的研究范围中。实际上，如果让用户参与图书馆管理和服务，将为图书馆事业注入新的活力，如有些图书馆建立的专家顾问团、青年志愿者服务队、学生图书馆管理协会等都是对图书馆用户人力资源的开发，对图书馆工作本身起了很大的促进作用。

3. 设施资源

设施资源与设备资源这两个概念常常混用，但是认真说来，设施资源的范围比设备资源更广，它包括图书馆馆舍、图书馆设备和图书馆用品。其中图书馆设备是主要的设施资源，它包括传统设备（如书架、阅览桌椅等）和现代化设备（如计算机等）。现代化设备又称为信息设施，主要包括自动化系统和网络。这里所说的技术与设备已经融合在一起，因此很多人称之为技术设备资源。但从理论上讲，技术与设备应分属于不同的资源范畴。设施资源是图书馆的物质基础，特别是信息技术设备的配置已成为现代化图书馆的标志，因而越来越受到重视。

（二）图书馆资源的特性

1. 可用性

图书馆收存信息资源的最终目的在于充分满足用户的文献信息以及其他知识信息的需要，因此，可用性是图书馆资源的主要特征，图书馆收存的资源具有很高的可用性，才能够保证图书馆的稳步发展。

2. 有序性

图书馆资源必须是有序的，如果图书馆的文献信息资源是无序的，那么就会导致资源检索方法杂乱无章，用户无法使用，图书馆资源就失去了存在的意义。图书馆人力资源也需要具备有序性，在图书馆服务组织中，对人力资源的管理就是一种资源整合。图书馆重视对人员的管理，才能够确保人员服务的有效性，充分体现图书馆服务的最高价值。另外，图书馆设施资源也必须是有序的，只有设施资源保持有序性，才能够为用户提供舒适的阅览环境，充分发挥其服务功能。

3. 整体性

整体性是指以某种方式构建的有机体系统中各要素之间既相互联系又相互约束，使这一有机整体呈现出各组成要素本身不具备的整体功能，实现整体大于各部分之和的效果，同时各组成要素之间密不可分。在图书馆组织中，图书馆资源的各部分组成要素共同构成了图书馆服务的整体，各组成要素之间紧密联系、不可分割。并且，由于各组成部分在系统整体中各司其职，最终能够达到1+1>2的效果。现如今科学技术发展迅速，带来了计算机技术与网络技术的变革，逐渐出现了图书馆的新形式，如网络图书馆、虚拟图书馆等，图书馆的具体形式发生了变化，因而其内部组成要素的内容及各要素之间联系也会发生一定的变化，但是图书馆资源的整体性始终是不变的。

4. 联系性

联系性主要包括两方面内容：一方面，系统内部的各组成要素之间相互联系、相互影响；另一方面，系统内部各组成要素与系统外部环境也存在一定的联系。图书馆资源系统中各组成要素之间相互联系又相互制约，这种关系维持了系统内部的稳定性和整体性。同时，在图书馆进行服务工作时，在各组成要素相互联系的基础上，保持与外界的紧密联系，有序衔接，以保证图书馆服务工作能够顺利进行，提供用户所需的相关服务。

5. 动态性

动态性是指有机系统的内部组成要素会随着时间的推移和某些因素的影响而发生一定的变化。受到现代科学技术发展的影响，图书馆所处社会环境与技术环境产生了巨大变化。为了适应这种外部环境因素的变化，图书馆必须不断更新自身的资源体系和设施设备，引进高素质人才，强化自身的运行体制，提升服务质量。图书馆发展至今，其外在形式与内在资源内容都在随着社会的发展而不断变化，这种变化就体现了资源的动态性。

（三）图书馆服务资源整合

1. 不同载体、不同类型的资源间的整合

目前，图书馆收存的资源类型多种多样，其内容既包含传统印刷式文献材料，也包含电子信息技术下产生的数据库资源，还包含形式各样的网络资源；既包括文本类文献资源，有包括图像、音频等电子类信息资源。因此，对图书馆资源进行整合，首先要明确不同资源形式划分的标准，并作出全面系统的规划，使各类资源能够有机结合，彼此之间相互关联、相互渗透。在整合过程中，还需要注意系统的延伸性以及传统文献资源的数字化转型，要对数字化工作进行详细、全面的规划，保证书刊整合的顺序和水准。

2. 各类电子信息资源的整合

现如今，图书馆收集了电子图书、电子期刊、CD-ROM 数据库、在线数据库、网络数据库、网络信息资源等多种电子资源，合理规划各类数据库和异构数据库的比例，建立集成机制，认真分析它们之间相似性与差异性、相互关系与重叠程度、根据读者的信息需求和学术需求合理配置相应的数据库资源，实现异构数据库与跨数据库检索的整合，基本建立了统一的检索平台。

3. 图书馆馆际间资源的联合整合

在整合图书馆信息资源的过程中，需要充分考虑图书馆与分馆、区域图书馆乃至全国范围内图书馆之间信息资源的联合整合。如果能够实现图书馆馆际之间联合体的建立，就可将各种类型的虚拟资源整合到本馆体系之内，供给用户使用。

（四）图书馆服务资源共享

1. 资源共享的含义

在过去很长一段时间，由于数字技术和计算机尚未出现，图书馆之间的资源共享还局限于传统印刷式文献资源的互借互赠、书籍目录的交换上。由于现代科学技术日新月异，图书馆以信息技术为载体，在文献信息资源的存取、检索、整合和传递形式上进行了技术革新，可以在了解用户需求后，快速提供其所需的文献信息资源，这些资源可能是本馆的，也可能是他馆的；可能是国内的，也可能是国外的。现代科学技术的发展，为实现文献信息资源共享奠定了坚实的基础。这种高效快捷的文献信息资源共享是现代图书馆的一个重要特征。图书馆只有根据用户需求不断调整服务战略，加强馆藏资源建设，才能够为自身赢得更多用户，巩固自身信息资源领域的核心地位。此外，现代图书馆服务资源共享的范围也在不断扩大，它既包括文献信息资源的共享，还包括人力资源以及设施资源乃至管理资源的共享。例如，图书馆联盟的成员图书馆可以共享兼具信息资源管理、计算机网络应用、外语能力的专业型人才，对于小型成员馆，可以利用网络共享这些人力资源，为用户提供专业服务，例如，在联合参考咨询中，充分利用了人力和设备共享，实现了优势互补。

2. 资源共享的对策措施

（1）加强人力资源建设

现代科学技术的发展，更多的电子设施和网络技术被应用于图书馆的资源建设之中，因此，在图书馆的管理方面也应不断更新体系，引进更多具备高素质、高水平的复合型管理人员。同时，图书馆自身人才体系中，应注重培养具备综合的学科能力和创新能力，具有开拓精神的新型人才，跟进社会发展脚步，提升自身的综合水平与能力。加强对学科前沿知识的分析和整合，对具有地方特色的文献资源进行收集和研究，构建学科前沿数据库以及具有区域特色数据库等不同类别的数据库。

（2）加强政府宏观调控功能

图书馆实现资源共享，需要在网络、技术、管理等多个领域进行学科与知识的交叉渗透，必要时甚至需要通过国际合作，通过政府干预来进行组织、协调和控制。政府要充分发挥宏观调控功能，为图书馆的资源建设与发展指明方向，使图书馆的建设能够统筹规划、分工协作、加强沟通、优势互补，进一步提升图书馆建设标准，避免重复建设，减少人力，物力，财力资源的浪费。

（3）加强技术标准体系、规范的研究和制定

为了实现与国际接轨，在进行资源共享时应优先考虑利用国际标准和通用规范，而资源数据的标准化与规范化是图书馆进行资源共享的前提和基本保障。图书馆实现资源共享，首先要保证资源产品具有一致性和共享性，以此为基础，建立规范的标准体系，促进各种标准之间的协调与联系。同时需要将文献格式的描述标准、元数据的定义标准、各种代码和标识符的定义标准、文献类型描述标准、软件接口标准等多种要求置于一个信息平台上进行加工，保证资源共享的可能性与实践性。

（4）重视特色资源数据库的建设，开展多样化的信息服务

现代图书馆的主要特征是数字化与特色化，这两大特征使得图书馆在市场竞争中保持长久的活力与优势。如果图书馆失去了特色，那么就会导致人力、物力、财力的巨大浪费，也会致使图书馆在竞争中失去生机。图书馆的信息资源通常是价值较高的特色文献资源，资源之间的相互联系构成了有序、规范的特色资源体系。因此，应在遵循本馆特色资源条件的基础上，开发和利用本馆特有的、具有区域资源优势的馆藏资源，把握特色馆藏的精华，进行数字化以及建设特色数据库。依托先进的信息技术构建高效率的电子文献传递服务系统，在网络环境下确立文献传递服务的新形式，以达到更快、更有效地为广大用户提供高质量服务。通过信息技术的开发与应用，实现专业化、特色化服务，提升用户对图书馆的满意度和馆藏文献资源的合理利用率。

(5) 加强联合开发，建立共享的基础

图书馆资源共享的建设需要在全国范围内进行整体规划，不仅需要国内各行各业有关部门和单位之间分工合作，必要时还需要实现国际上的合作。这就需要建立起跨部门、跨行业、跨区域的管理协调组织，利用自主开发、合作开发、联盟开发相结合的信息资源开发模式，确定利益分配标准，协调馆际互借、联合编目、数据库建设和其他项目之间的关系，让各方的权益得到实现，以促成图书馆之间的资源合作与共享。

(6) 加强对版权标准化建设和质量管理

加强对法律、知识产权、访问权限和数据安全等问题的研究力度，制定相关规定，并通过立法的方式保护版权所有者的根本权益。研究开发数字版权管理技术，加强政府的宏观调控力度，制定相应的政策法规，减少重复性建设、技术和标准不达标等错误的发生。

二、图书馆服务环境

(一) 图书馆服务环境的构成要素

对于图书馆服务环境构成要素，目前学术界暂未形成一个统一的概念。但是综合现有的研究成果，结合信息化时代背景以及现代图书馆的组织结构，可以得出图书馆的服务环境应包括五个方面：服务资源、服务空间布局、信息技术条件、服务制度和服务活动。

1. 服务资源

在图书馆服务资源中，文献信息资源是图书馆服务活动的核心，是图书馆得以存在的基础保障，也是图书馆进行服务工作的前提。它的实际内容既包括现实馆藏资源，同时也包括虚拟馆藏资源。人力资源是具有主观能动性的关键因素，图书馆工作人员是文献信息资源与用户之间联系的桥梁，他们既是文献信息资源的组织者和传递者，又是图书馆服务工作的提供者，在图书馆服务工作中具有重要的指引作用。图书馆设施资源时图书馆的物质基础，主要包括外部环境、内部环境、馆舍建筑、指引标识以及各种电子设备、打印设备、语音设备、传送设备和为特殊人群提供的各种必要设施。

2. 服务空间布局

从空间布局上看，图书馆服务空间可分为图书馆建筑的整体空间设计、各功能区的科学布局、设施设备的布局与布置等。一般情况下，图书馆可设立书刊收藏区、书刊阅读区、电子文献阅读区、读者咨询区和读者休闲区五大功能区。用户对图书馆的第一印象往往是从图书馆的空间布局上看的，因此，建立良好的空间布局有助于提升图书馆的形象，起到吸引读者的作用。

3. 信息技术条件

信息技术条件主要由信息服务技术与网络技术两部分构成，信息服务技术主要指集成平台技术、信息推送技术、信息跟踪技术、信息聚类技术、跨库检索技术以及信息交互技术等；网络技术则包括网络信息平台、网络化图书馆服务系统及网络安全技术等。信息服务技术与网络技术是建立高品质图书馆的前提条件，同时也为信息服务平台的建立提供了相应的技术支持。现如今，信息技术的发展有效扩大了图书馆的服务范畴，提升了图书馆服务的效率，推动了图书馆服务模式由传统被动服务向现代主动服务的根本转变。

4. 服务制度

图书馆的服务制度主要包含两个方面：一是国家机关颁布或认可的图书馆服务活动的法律法规、方针和政策；二是图书馆自身体制内制定的服务体系和规章制度。图书馆服务制度的制定，一方面在于建立规范的图书馆服务环境，另一方面在于平衡图书馆系统中各组成要素之间的联系，保证图书馆运行机制的有序进行，提升服务工作的效率。

5. 服务活动

从根本性质上说，图书馆是服务性的组织，其最终目标就在于为用户提供服务。有学者指出，图书馆的服务活动既包括服务管理、服务手段、服务方式和服务交流，还包括服务活动中反映的服务理念和服务态度。图书馆服务活动水平的提升是一个整体性工程，需要进行全面、系统的考虑。

（二）建立图书馆服务环境的意义

1. 有利于实现图书馆的价值

现今社会，网络高速发展，传统图书馆的功能被弱化，建立图书馆服务环境是十分必要的。首先，可以确立明确的服务方向与服务理念，充分发挥图书馆工作人员的潜力，动员所有客观条件为客户服务；其次，可以完善文献信息资源体系和信息技术系统，为用户提供高效的检索方式，方便用户最快地获取信息资源；最后，可以制定一套从用户角度出发的服务制度，使用户能够在舒适、真诚的服务环境下快速高效地获取信息资源，这样既满足了用户的实际需求，同时也满足了用户的精神需要，提升用户的满意度。拥有广泛而坚实的群众基础，图书馆的存在才更有价值。

2. 有利于树立图书馆良好的形象

用户在图书馆中，会受到多种因素的影响，如图书馆的基本建筑、场所设置、装修装饰品位、服务设施的品质、文献信息资源的排列方式、工作人员服务的礼仪和态度等。用户会在这一过程中感受到自己被重视的程度，进而影响用户对图书馆的总体评价。因此，服务环境的好坏会间接影响图书馆的形象。

3. 有利于实现图书馆的可持续发展

服务环境的不断创新和发展，信息资源体系的完善、信息设备的不断更新和信息服务水平的不断增强能够有效促进图书馆的可持续发展，现代化图书馆服务环境蕴含着现代先进的服务观念与人文意识，二者既存在一定的稳定性，同时又充满生机，为图书馆的转型与发展提供创新与实践能力。秉持现代服务观念与人文意识，能够推进图书馆不断更新落后的思想观念，提高服务层面，增强服务品质，不断满足人们动态的文化需求，同时保证图书馆在体系的创新与发展中实现可持续发展。

4. 有利于凸显图书馆在信息服务方面的竞争优势

在图书馆服务环境下，图书馆凭借先进的服务理念和人文精神、先进的信息设备和高水平的服务技能，能不断开拓服务领域，树立特色服务品牌，提高服务水平。诸如网上信息的导航服务、网络信息服务项目的开发、高校信息服务项目的开发、专业图书馆向企业提供专题咨询服务、高校图书馆面向社会提供文献信息服务、公共图书馆以特色资源提供特色服务等。

5. 有利于激励读者精神的升华

营造良好的图书馆服务环境，能够使用户充分受到图书馆现有物质资源以及信息资源的精神感染，在正向、积极的阅读环境中提升自身的精神境界。

(三) 图书馆环境对用户行为和服务的影响

1. 服务过程与服务环境

对于用户来说，一个服务组织的外在环境如建筑外形、内部环境构造等是首要关注因素，这些环境因素决定了这一服务组织对于用户是否有吸引力。但是用户的实际需求则需要进入服务组织之后才能够得到进一步满足，这时就需要服务组织提供用户所需的资源和有效的指引，使用户得到一个满意的服务过程。对于图书馆这种用户参与度高、互动性强的组织，服务环境对于用户的影响更为明显，因为用户在服务组织的需要经历全程的服务，服务环境的好坏直接影响用户对服务的认知和满意度。

很多时候，用户在服务利用之前就已经从各方面了解到了服务组织的功能与水平，因此，图书馆可以抓住这一点，在用户的了解过程中向用户传达服务宗旨与内容，为用户了解图书馆提供更多的线索。

另外，服务人员在服务组织中也会受到服务环境的影响。根据组织行为学的研究发现员工对其所处服务组织的认同度、工作态度、工作效率都受到服务环境不同程度的影响，而用户和服务人员必须在服务组织的服务过程中相互交流与互动，服务组织的服务环境应充分考虑服务人员和客户的需求和偏好。

2. 图书馆服务环境对用户行为的影响

人与环境的认知整合作用是相辅相成的，图书馆服务环境的营造有助于陶冶用户情操，提高用户的精神文化修养。从建筑环境的角度看，现代图书馆作为社会文化活动的中心，不仅提供书刊阅览平台，同时还提供展示厅、演讲厅、报告厅、活动室等各种文化活动设施。现代图书馆对服务环境的营造主要以人的需求为出发点，在喧嚣的城市环境下，图书馆为社会大众提供了一个最为良好的阅读氛围，使人们虽然身处闹市，却有与世隔绝之感；使人们沉浸在知识的海洋中，增长见闻，开阔视野。

大多数用户到图书馆都具有指定的目标，可能是为了查阅文献资料，可能是为了阅读典藏文献，可能是为了休闲娱乐。这时图书馆的服务环境将直接影响用户阅读目标的实现。现代图书馆强调"以人为本"，应该从服务环境的设计、规划、建造、管理等多个方面，迎合用户的趋近行为。同时，就图书馆内部管理来看，图书馆应注意消除服务人员的规避行为，增强服务人员的趋近行为。良好的服务环境会使服务人员产生对图书馆的心理认同感，虚心接受图书馆管理，认同图书馆的服务理念与方式，进而提升服务质量和水平。

3. 图书馆服务环境对服务沟通的影响

图书馆服务环境对用户与馆员的影响不仅体现在个人表现行为上，还体现在用户与馆员的交流方式上。相关研究发现，服务环境对员工沟通方式、团队凝聚力、友谊和小团体形成产生重要影响，仅仅满足组织成员个人工作需求的环境设计可能不利于馆员与用户之间的交流。因此，可以得出以下的结论。

第一，对于需要用户与馆员沟通的服务，用户与馆员对服务环境具有正向内在反应，可以提高用户间、馆员间以及用户与馆员间的沟通质量。相反，如果用户与馆员对服务环境产生负向内在反应，会降低用户间、馆员间以及用户与馆员间沟通的质量。

第二，有利于馆员趋近行为的馆内环境设计，可能无法满足用户的心理需求，也无法促进馆员与用户的正向沟通。同样，有利于用户趋近行为的馆内环境设计，也可能无法满足馆员的需求，不利于馆员与用户间的沟通。由于服务环境对人的行为影响程度较大，因此，对图书馆整体环境的设计必须具有科学性的目标指导，以保证功能设置符合用户以及馆员的内心期望。图书馆必须在任务书中明确向建筑设计师传达每个功能空间所希望的组织目标，如团队合作、生产力、创新等，并设计一个有益的服务环境，引导馆员的正向行为，促进组织目标的实现。同样，图书馆服务空间的规划设计不仅要考虑用户的流动方向，还要考虑每个空间的服务特征和服务环境所起的作用，以及图书馆设置的这个功能空间的具体服务目标。

(四) 图书馆服务环境的营造

构建图书馆服务新环境，应注重树立新的服务理念。以领导为主导，全体图书馆员共同参与建立以服务理念为核心的人文精神，并以此为导向，推动管理体系、服务体系、信息资源体系和信息技术体系的全面建设与融合。这不是一蹴而就的事情，只有通过长期的战略规划、循序渐进的实施和不懈的努力才能实现这一目标。

1. 制定长远、全面的战略规划

目前，图书馆的目标是建立一个高水平、高质量、高效率的信息服务环境。人们总是需要图书馆来实现某种目标。因此，图书馆要树立新的服务理念和人文精神，提高人员的专业知识和综合服务技能，建设和整合系统资源和信息技术系统。深谋远虑，设定目标，制定循序渐进的战略进程，并制定具体的阶段性实施计划。

2. 确立全新的服务理念

图书馆的管理者、馆员与用户需要改变自己的思想，在世界信息网络基础上，了解当今世界信息技术和信息服务行业的发展现状，并了解当今世界的开放性和竞争力，从而形成一个新的服务理念。新服务理念是对服务目标、服务目标、服务意识和服务创新等服务概念的深刻诠释。

3. 改善图书馆的功能布局

图书馆建筑、设施和设备的设计和布局可以直接被读者感受到，对读者的影响也最为明显。好的图书馆的建筑设计和布局，要与自然环境相结合，并具有现代性的设施资源和各类人性化的服务。另外，图书馆设计与建造时要对各服务功能区进行合理的规划和布局，依据各功能区的特点进行装饰，并设置合理的交通线路，为用户提供方便，提升用户对图书馆的利用效率和水准。

4. 实现技术环境现代化

现如今，电子计算机的被广泛应用，电子技术与网络技术日益发展，图书馆的传统工作模式发生了根本性转变，现代图书馆的服务环境逐渐向技术环境现代化迈进。为了给读者提供更优质的服务，图书馆需要加大对技术设施的投入力度，引进现代化设施设备和管理力量，丰富图书馆现实与虚拟馆藏资源建设，使用户足不出户也能实现阅览文献资源。

5. 提高馆员的综合素质

图书馆在进行服务观念转型的过程中，也需要加强自身内部管理，加强对图书馆员的职业技能培训，培养馆员的专业技能以及职业素养。图书馆应制定有益于发挥馆员才能、有利于开发与建设信息资源的规章制度，使图书馆资源体系内部各部分功能相互联系、相互促进，实现系统内的动态平衡，为用户提供多领域、高层次、高品质的文献信息服务。

6. 建立可持续发展的服务环境

（1）结合生态环境

图书馆的设计应尽量与当地地形相结合，不破坏基地原有的生态环境。一些花期较长的灌木和花卉，以及一些景观和雕塑装饰可以适当地种植在室外。室内光线应尽可能柔和，根据室内功能分区，合理配置兼具装饰性与实用型的家具。同时，要做好隔音处理，保证阅览区域不被噪声干扰。

（2）结合地域文化

可持续发展概念主要包含两部分含义：一是生态环境的可持续发展，二是人类精神文明的可持续发展。图书馆作为一种建筑文化，在建造与发展过程中首先应以尊重地区生态环境与文化传统为前提，在此基础上实现技术与文化的双重发展。

7. 通过法规规定图书馆的权利和义务

现今社会，图书馆的资源与文化建设已经相当完备，但是管理不善的现象也时常存在。这就需要依靠法律法规的明确来规范图书馆的权利与义务，同时提出用户的权利与义务。图书馆应依据读者的反馈改善服务环境，规范图书馆管理，确保图书馆的健康发展。通过规范图书馆的建设标准，如面积标准、图书数量标准、座位标准等，也可以使图书馆发展过程中的有迹可循。

8. 建立服务创新体系和高素质的服务团队

（1）树立以人为本和科学精神相融合的管理理念

先进的科学技术的利用，根本目的在于为用户提供更优质、更全面的服务。基于技术下的文献资源的完善与发展，图书馆应贯彻"以人为本"的人文精神，并将这种精神渗透每一名馆员心中，使他们秉持科学发展的思想，从用户角度出发，全心全意为用户服务。

（2）在业务层面上本着专业性和人文关怀的原则

从业务上看，图书馆必须加强图书馆馆员的专业能力培训，努力培养适应社会服务创新发展需要的新型专业人才，为图书馆的服务创新奠定坚实的基础。人文关怀原则应贯穿图书馆服务的全过程。

第二章 图书馆信息技术的整合

第一节 图书馆数字资源整合

一、数字资源整合的概念

数字资源整合的概念界定在学术界还颇具争议，不同的学者有不同的视角，所以对数字资源整合的理解和倾向上也是各有不同，在综合了许多学者数字资源整合的概念界定之后，有学者对数字资源整合的概念做出了如下界定：自然界存在的分散的、自主的、结构各有不同的、形式各异的、不同领域的数字资源（包括文本信息资源、多媒体信息资源等），运用科学合理的方式方法，将这些数字资源进行组织进程，形成有体系结构的、一体化的、完善的数字资源体系，建立为用户提供全方位、一体化、现代化服务平台，让用户可以方便快捷地搜索到其所需的数字信息资源，并满足用户的各种个性化服务，并改善和优化图书馆信息资源管理的过程就是数字资源整合。值得注意的是，数字资源整合并不是简单信息资源的累加，而是有序排列；数字资源整合并不改变数字信息原有形态，它只是提供了一个更加方便快捷的数字资源服务平台；整合前的数字资源信息仍然是独立的，可供人们检索和使用。

二、数字资源整合建模思路

数字资源整合模式是对图书馆资源的充分利用和深层次的挖掘，使其能够全面发挥数字资源的优势，并得到充分利用，体现其价值。信息化时代的图书馆在进行信息化管理的过程中，引进大量的电子设备，海量的数学信息被图书馆信息资源库收录，冲击了传统以纸质为载体的文献信息资源，使得图书馆资源结构发生了巨大的改变。由于网络时代的到来，人们越来越喜欢网络这种可以足不出户可晓天下事的收集信息方式，图书馆也有责任为用户提供数字信息资源，满足用户需求。同时，也要寻求其他的服务项目，拓展图书馆的服务渠道，给图书馆的发展创造新的思路。

数字资源整合模式构建的主要目的是为用户服务，为用户营造出一个网络图书馆，让用户可以通过网络远程访问图书馆资源，打造一个数字资源丰富、全面，用户可以放心使用的知识平台。数字资源整合模式实现的方式主要有对网络资源以及本馆资源进行深度挖掘、逻辑关联、标引排序，使用户获取信息更加方便、全面、有序。通过对图书馆的资源进行整合，数字资源有关联性、一体化、结构化地聚合在一起，彻底解决了信息孤岛问题。

三、构建数字资源整合模式需解决的问题

（一）突破管理体制的制约

构建数字资源整合模式是图书馆提高用户服务质量的需要，图书馆在现有的资源条件和信息需求的背景下，进行数字资源整合需要考虑多方面问题。信息科技的不断发展，用户的需求也开始变得复杂化、多样化，为用户提供个性化服务是图书馆的职责所在。然而，一个图书馆的资源是有限的、人力是有限的、资金也是有限的，所以图书馆收集信息的数量也就受到了制约，图书馆馆藏不可能涉及所有领域，满足所有人的需求。另外，一个人的需求也只是一个方面，不可能涉及图书馆的全部信息资源，所以除所需资料外，那些资源信息对此人来说都是多余的，甚至是影响其查找资料文件的障碍。所以，需要一个可以统筹管理各种资料，合理分配利用各种资源，科学规划图书馆信息，使图书馆各部门或工作小组能够有效沟通，分享资源，形成友好高校的合作机制，以实现资源最大化利用为目的，进行数字资源整合的组织或部门。

我国各高校图书馆具有数字资源整合的天然优势，他们不仅有深厚的文化底蕴，也有大量的掌握先进技术的科技型人才，还有经验丰富、学识不凡的专家教授，所以将高校图书馆作为数字资源整合的主体机构具有很大便利。当然，数字资源整合不是高校图书馆自己的事，而需要很多机构的共同努力，各机构的有序协调合作，才是实现数字资源整合的基础条件。比如，需要行政部门联合沟通各所高校之间的合作、交流等。在数字资源整合过程中，各高校可以各展所长，选择自己所擅长的领域分类进行数字资源整合，实现优势互补，充分利用各校优势资源，在最大效益资源利用下，完成数字资源整合。所以，各个部门要突破各自为政的管理局面，加强交流与合作，共同创建一套完整的协作发展体制，实施数字资源整合的效益最大化。

当前，图书馆自主管理、各自为政，馆与馆之间缺乏沟通，形成封闭管理运作的状况，这也是图书馆管理的普遍现象。此现象导致信息资源建设程度不一、重点不同、内容重复交叉或遗漏，最终造成各种资源的浪费，又成为不同部门、不同机构之间的交流发

展、协调合作的障碍，使整体的资源整合环境处于混乱、无序的状态中。近年来，有关部门通过行政手段干预，促使信息资源整合活动的开展，但是大多是被动地接受，很多具有丰富馆藏、拥有大量人才、掌握先进技术、获得大量资金支持的图书馆不愿与相对落后的小型图书馆合作。因此，突破各自为政、缺乏合作交流的管理体制，建立一套运行机制，是建立有效的数字资源整合模式亟待解决的关键问题之一。

（二）明确资源整合范畴

在法制社会，人们要尊重知识产权，在数字资源整合中要格外注意知识产权问题，明确资源整合范畴和类型。也就是说图书馆要明确规范出哪些资源是可以整合的，哪些是需要协商一致得到共识的，这些也是尊重知识、维护知识产权的做法，同时也避免了侵害知识产权而引起不必要的纠纷。另外，图书馆要确定哪些资源类型是可以通过有效配置就可以整合的，哪些是需要特殊的技术支持才能被整合的，图书馆要区分不同类型资源整合的难易程度，而且对于本身馆藏资源与馆外免费数字资源是否都能够被整合，如果出现意想不到的问题需要如何处理等，都是数字资源整合时需要考虑的，实际也有可能发生的问题。除此之外，对于一些小众的、边缘性的学科和那些具有复杂的交叉内容学科进行整合时，是否需要有关部门出具一套统一规范，明确这类资源归属等相关问题，都是需要制定明确的实施标准。

（三）突破技术水平的制约

科技发展是人类进步的基础条件，数字资源整合模式构建需要科学技术的支持。数字资源整合模式是基于数字资源，数字资源离不开计算机技术、网络技术、信息安全等技术的支持，同样重要的还有信息资源系统的信息索引技术等。数字资源整合是为满足用户需求而提出的一项活动，网络平台建设是数字资源整合需要完成的内容之一。但就当前的发展状态来看，各地区、各图书馆对科技掌握程度不同，科技发展水平不均衡，技术倾斜程度不同，致使数字资源整合在整体发展上受到了制约。同时随着用户需求的不断多样化，为用户提供个性化服务成为数字资源整合过程中的一道难题。要想解决这一系列的问题，需要科学技术的支持。

（四）确定数字资源整合模式建设人员

数字资源整合需要有管理能力的统筹管理人员，需要有沟通能力的协调人员，需要有具备计算机技术和网络技术的技术人员，需要有丰富知识背景的专家学者的具体资源整合人员等。参与数字资源整合的每一个人都要各有所长，在自己的领域中较有建树，且对数字资源整合其他方面也要有所了解，只有这样人才组成的建设队伍才能保障数字资源整合工作的顺利完成，并有能力能完善其后续工作。基于对数字资源整合队伍建设的严格要求，图书馆在选拔人才时应该做到以下几点：第一，确定整合队伍的选拔标准，考察人员的整体素质和专业擅长领域，被选拔的人员要能够胜任数字资源整合的工作要求；第二，确定每个人的工作职能与责任，确保数字资源整合过程中人尽其责、物尽其用；第三，建立一个统一管理机构，管控各部分人员的工作，保障其协调顺畅地进行；第四，对整合队伍中的人员进行相关知识和技能的培训，使每个工作人员都能基本熟练使用各种数字资源整合的系统和工具；第五，设立适当的评价标准和奖惩机制，充分了解每个工作人员的工作能力，保证数字资源整合工作的顺利进行；第六，每个单位需设置专职的管理岗位，负责对整合过程进行全局的协调和质量控制。

第二节　图书馆网络信息资源整合

一、网络信息资源的内涵

（一）网络信息资源的概念

网络信息资源包括来自互联网和物联网的所有信息，这是一个非常庞大的信息系统，既包括对人们的学习生活有积极作用的信息，又包括会对人们的心理健康带来不利影响的消极信息。对于网络信息资源本身来说，是一个十分抽象的概念，至今各国学者都没有能够给它下一个明确的定义，但有一点是得到世界公认的，即网络信息资源是可以被采集、整合、分析、利用的，并且随着社会的不断发展，信息资源的容量变得越来越庞大、内容变得越来越丰富，这对人类来说无疑是一笔巨大的财富。

（二）网络信息资源的分类

网络信息资源庞大而丰富，因此对它进行分类处理是十分必要的。根据不同的分类原则，网络信息资源可以被分为多个不同的类型。

第一，根据网络信息资源对人们起到的作用类型，可以被分为消极网络信息资源和积极网络信息资源。例如，兴起于俄罗斯的杀人游戏——蓝鲸游戏，通过在网上寻找"猎物"，致使众多青少年由于自我意识不清等成为被害者，给众多家庭带去了无尽的痛苦，这种网络传播的信息不仅没有得到及时遏制，还通过网络广泛传播到全世界，这种信息就属于消极网络信息资源。而有一些个人和组织针对这种游戏的广泛传播，积极推送了多种形式有利于阻止青少年被害的网络信息，这种信息就是积极网络信息资源。

第二，按照网络信息资源的来源不同，可以分为作者个人上传的网络信息资源和他人代作者上传的网络信息资源。一般情况下，网络信息资源是由信息持有者亲手上传至网络的，但有时由于信息持有者不方便或者技术等原因，无法由自身完成信息的网络化过程，需要由他人代为进行。

第三，按照网络信息资源的读取形式进行划分，可以将其分为文本类网络信息资源、视频类网络信息资源、音频类网络信息资源、图片类网络信息资源等。所谓文本类网络信息资源是指以文字的形式体现出来的信息资源，如网络小说、博客等；视频类网络信息资源，顾名思义就是以视频形式被用户读取的资源，包括各种体育赛事的网络直播或转播、电视剧和电影的在线播放、网络直播，比较流行的视频网络信息资源获取平台有火山小视频、抖音、腾讯视频、优酷视频网、爱奇艺等。

第四，按照网络信息资源的时效性不同，可以将其分为新闻、报纸类网络信息资源，期刊类网络信息资源，图书类网络信息资源等。网络是一个信息高速广泛传播的平台，相较于纸质报纸和电视新闻，网络有更广泛的受众，且比电视和报纸具有更好的时效性，如新闻可以进行实时更新等。网络图书期刊和纸质图书与期刊相比，具有方便快捷的特点，便于人们随时取用，因此更受到人们的广泛欢迎。

第五，根据网络信息资源的获取方式不同，可以将其分为免费类网络信息资源和付费类网络信息资源。如果有些网络信息资源的形成没有成本或者成本较低，或是出于其他目的，信息持有者会选择免费将这类信息提供给需要的人；而如果信息持有者通过比较大的代价才获取了信息资源，那么通常要向受众收取一定的费用方可提供资源，例如现在腾讯视频、优酷视频网、爱奇艺等都有会员制度，将一部分稀缺的网络信息资源只提供给付费会员。

第六，按照网络信息资源的合法性来划分，可以将其分为合法网络信息资源和非法网络信息资源等。信息持有者出于不同的目的将信息上传至网络，网络上的绝大部分信息是合法、积极向上的，但是有些人很可能因为利益，将一些明显违反法律规定的信息发布到网络上，并被大范围地转发，造成十分不好的影响，例如有些人上传淫秽视频博取点击量或者对观看人员进行收费获得非法利润，再如一些人非法搜集个人信息并在网络上大肆贩卖等，这些信息都属于非法网络信息资源。

第七，按照网络信息资源的存取方式不同，可以将其分为 e-mail 电子（邮件）类网络信息资源、图书馆类网络信息资源等。如今，每个人都至少拥有一个 e-mail 邮箱，通过这个邮箱接收来自不同人发给我们的邮件，这个邮件就是 e-mail 类网络信息资源。本科生、硕士研究生、博士研究生在毕业前都要撰写毕业论文，写论文是必须参考一定资料的，他们必然会用到学校的校园图书馆网络查询资料、文献等，这些信息就是图书馆类网络信息资源。

（三）网络信息资源的特点

不同于现代图书馆，网络拥有非常巨大的存储空间，它可以容纳的信息是无法计算出来的，这就决定了网络信息资源信息量大、内容丰富、种类繁多等特点；另外，它还具有不受时间、空间的限制，易于所有网络用户的存储与取用等特点，为人们的生活和学习提供极大的便利。因此说，网络信息资源具有不可替代的经济价值和社会价值。

二、网络信息资源整合的含义

对于很多新兴行业，其含义都是不统一的，但其多样性同样反映出人们对这行新兴行业的重视以及研究热情。对于网络信息资源整合同样如此，众多的研究学者在对此探究的同时，从不同的角度，不同的方向对它进行了界定。其中有些偏重于组织结构，有些偏重知识体系的整体价值，而有些这是偏重于实行网络信息资源整合所使用的技术与方法。站在巨人的肩膀上，这里也试着给网络信息资源整合给出以下界定：网络信息资源整合就是通过先进的网络信息索引、信息搜集等技术手段，将分散于网络的、形式不同的、多样化的信息资源进行收集、分析、筛选、标引、存储等处理方式加工成可供用户在网络平台中，通过一些索引手段收集到的有组织结构的、有序的、全面的网络信息资源。

从以上网络信息资源整合的界定可以看出，网络信息资源整合是依据一定的规则标准与知识需求，对网络信息资源实施的优化与重组的过程。网络信息资源整合的对象包括信息资源内容、结构、组织关系等，网络信息资源整合实际上是通过分类、融合等方式对信息资源的再创造，使之成为新的、高效的有机整体。网络信息资源整合程度的高低决定着用户使用价值。

三、现代图书馆网络信息资源整合的必要性

（一）信息组织的动态性、多模式要求

信息技术的进步与广泛应用带来的是种类繁多，数量庞大的数字化信息。以往信息资源大部分是文本信息，而现在网络上充斥着大量的图像、图形、音频、视频等非文本信息，过去主要适用于文本信息处理方式，早已跟不上时代的发展。非结构化信息没有文本信息的格式化与规范化等特点，要想实现人们对信息的需求，对非结构化信息的有效检索，以及建立规模适中的非文本信息数据库、降低成本等问题，成为传统的组织方式面临的难题。

（二）信息组织的自动化要求

现代化、自动化的生产方式得以普及的主要原因是解放了劳动力，人们的大量烦琐的工作由机器代替。传统的信息组织方式在庞大的网络信息资源面前就显得十分无力，并且人工处理方式也满足不了网络信息的原始性、完整性与时效性的要求。所以，信息组织的自动化要求图书馆网络信息资源整合，网络信息资源整合是信息组织的自动化的必然要求。

（三）信息组织的透明化、易用性要求

在网络迅速发展的背景下，网络已成为人们信息主要来源之一。现代的网络资源需求者不再局限于少部分研究人员或科技工作者，更多的是涉及不同领域、不同知识层级、不同年龄阶段的社会大众。用户结构的复杂性，反映出的一个问题就是多数用户不具备必要的信息检索能力，为适应复杂多变的用户环境，满足普通用户信息检索需要，实现网络资源共享，就必须将网络信息资源进行有效整合，将网络信息变成用户可以便捷、迅速获取的信息。

（四）信息组织的精确性要求

网络信息资源的产出速度使其无法形成一个完善的体系结构，而且社会的不断进步使各领域的相关信息不断更新换代，且时间速度不一，同时信息也出现了大量的重复、错漏、冗余泛滥、真假并存等现象，导致网络信息资源系统化、程序化程度低。虽然网络上出现了诸如百度、搜狗、360等一批高效搜索引擎，但这些都无法彻底解决信息精确度不高的问题，还是需要网络信息资源的整合来改善以上现象。

（五）信息组织的标准化、兼容性要求

网络是一个拥有无数节点，且没有组织领导的分散式网状结构，这样网状结构特点是网络信息资源形成混乱、无序、真假并存的主要原因。信息网络是对网络信息资源进行存储、分析、加工的协作系统。系统间的交流与网络资源充分利用要求各方面的整体配合，因此网络化的前提条件就是在信息组织与加工等方面采用一系列标准，实现数据格式、描述语言和标引语言的标准化等。

四、图书馆整合网络信息资源的有效策略

(一) 明确网络信息资源整合的目标

在实施任何活动之前，明确的目标必不可少的，目标是活动的指引，是成功的前提。网络信息资源整合方面，明确的目标是网络信息资源整合的指南针，指导着正确整合网络信息的发展方向。立足于整体，把控全局，对网络信息资源进行有效管理。制定适应全国的，对网络信息布局、发展内容、研究利用、创建原则等设立统一标准，和合理规划，在信息创造的源头就有效控制其有序性与合理性，确保网络信息资源整合的顺利进行。网络信息资源整合单单只靠标准的约束是不够的，相关单位、政府机关要发挥政策的引导作用，为网络信息资源整合提供政策保障，使信息整合真正落到实处，造福社会。

网络信息资源整合的目标：首先，整合信息类别齐全、设立信息存储多样化、多结构化数据库，建立供用户使用的高效网络信息服务平台；其次，建立一套完善的、整体的、合理的、有效的信息检索体系，最好具体到每个步骤、每个环节，做到信息资源的充分开发和利用；再次，在信息资源整合过程中，保证信息质量，过滤掉冗余、虚假、无价值的信息，将搜集的信息进行分类、重组、标引，建立统一信息质量标准；最后，开放网络资源服务平台，营造网络信息健康传播环境，实现网络信息的全面共享。

(二) 优化网络信息资源数据库及应用系统

网络作为网络信息资源的载体，其开放性，与无限共享等特点使类型多样、结构不一、内容重复、资源冗余、信息错漏的信息资源大量存在，相对的原创网络信息资源却十分匮乏，并分散到互联网的各个角落，且呈现出分布不均衡的现象。结构化、半结构和非结构化网络信息资源是网络信息整合的对象，处理好这部分的信息资源，可以顺利解决网络信息错漏、冗余、不规范等问题。非文本信息处理起来相对复杂，现在人们常用的处理方式有：第一，中间代理，即搜索引擎接收用户请求后，充当媒介，查找定位用户所需信息，并返馈给客户的方式处理；第二，建立资源概念数据库，建立映射规则关系用于资源概念数据库与实际资源数据库。

(三) 拓宽图书馆资金来源渠道

每一项工作的顺利推进都离不开资金的支持，资金是保障工作顺利进行的物质基础。现代图书馆的网络信息资源整合，涉及人力（工作执行主体）；技术物力（网络设备、电子设备投入）；信息技术（如网络技术、信息索引技术、智能化技术等）等各个方面，尤

其是信息技术方面耗资巨大,却不可缺少。作为公益服务型机构,其主要的资金来源是国家及地方的财政拨款。虽然国家大力支持图书馆信息管理改革,但其资金投入必然有限,在大量的资金需求下,图书馆要积极拓展资金来源,拓宽资金渠道,减少对国家拨款的依赖。图书馆有类型不同、种类齐全、涵盖广泛的信息数据库,因此要尽可能地做到资金来源多元化,图书馆网络信息资源整合做到有章、有法、有重点的整合建设,明确各项工作的优先级别,分批次、分步骤地做好网络信息资源的整合,使图书馆信息化管理成为现实。

(四)加强图书馆网络信息资源整合队伍建设

不论是明确整合目标、优化信息资源,还是争取大量资金与技术支持等活动都离不开人的参与,人才是网络信息资源整合的主体。图书馆要重视人才的招募与培养,加强图书馆信息管理队伍建设,建立起一支可以担任起网络信息资源整合重任的队伍。网络信息资源整合涉及的能力范围广泛,包括专业的图书管理专业知识、信息资源收集能力、计算机信息技术等。所以,网络信息资源整合队伍必须是一支高素质的具备数据分析与资源研究能力的,又有全方位知识结构的高能力队伍。只有这样的一支队伍,才能满足用户个性化需求,为用户提供高效服务,帮助用户掌握网络资源组织结构信息与特点,保障网络信息资源的整合的有效顺利进行,切实推动图书馆网络信息资源整合建设实施。

第三节 图书馆知识资源的整合

一、知识资源整合概述

(一)知识资源整合的含义

知识资源整合就是指将零散的、无系统的知识运用一定的科学方法,重新整理构建成一套完整的知识体系。从整体的角度而言,知识整合就是将来自不同渠道、不同领域、不同内容、不同的知识结构,以及不同学术层次的分散的、单一的知识资源,遵照统一的原则,依据一定明确的目的分析加工,重新构建出一个系统的、有序的,并能够发挥整体性能的知识结构。我们不能把知识资源整合简单地理解成对不同知识的简单叠加,知识资源整合是对知识的再创造,使知识资源的效用最大化。知识资源整合是图书馆信息管理工作的前提,只有在知识资源合理整合的基础上,才能顺利实施图书馆的管理工作。

(二) 知识资源整合的内容

可持续发展的观点适用于其他领域，同样适用于知识资源整合。知识在不断的发展，新的知识不断地出现，旧的知识不断地被总结、凝练或被新的知识所替代，所以在进行知识资源整合时，不仅要将现有知识资源进行整合，还要分析挖掘各领域发展可能带来的潜在知识资源与隐性知识资源。实施知识资源整合，不能仅仅局限当前知识体系，还要着眼于未来社会的发展给知识体系带来的挑战，为潜在的知识留有整合的空间。在知识管理的角度，图书馆的知识资源主要是指由人力资源、读者资源、组织资源三部分组成隐性的智力资源。其中，人力资源主要是指图书信息管理工作者、读者服务人员等为了更好地工作和为读者提供高效服务所需要的知识储备和能力，读者资源的主要有三个属性：其一，读者的深度，即读者的渗透程度；其二，读者的广度，即读者的来源，读者的覆盖面；其三，读者的忠诚度，顾名思义，就是读者对图书馆的依赖程度。组织资源就是图书馆所具有满足读者需要的能力。

知识整合主要整合的对象是知识资源，其主要作用体现在两个方面：其一，对知识资源功能的整合，即把各部分知识的功能经过科学的处理组合成新的，具有整体性能的新功能体系；其二，对知识资源效用的整合，即各部分知识的效用依照一定的需求或目的，结合成为一种新的效用。知识资源整合是使分散的、各有不同的知识结合在一起，形成一个新的知识体系，产生系统的性质的活动。图书馆知识资源整合属于图书馆管理的一大门类，其最终的目的是提升图书馆的知识管理水平，增强图书馆的服务能力。因而，在图书馆管理工作中，必须将知识管理作为一个重要方面常抓不懈。知识是图书管理的核心要素，在建立知识资源整合机制时，必然要认清知识所处的重要地位与核心作用，坚持知识主体位置不动摇。身处知识经济时代，知识的重要性不言而喻，一个人很难成为全才，但是博览群书对于人的长远、持续发展则永远不会过时。因此，我们必须树立知识整合意识，通过知识整合推动现代图书馆的可持续发展，并且在这个过程中实现个人的长足进步。

二、知识资源整合是图书馆可持续发展的需要

(一) 外部机构竞争和用户需求变化促使图书馆知识整合

知识经济时代，知识就是社会发展、科技进步的基石。为了能够适应时代潮流，顺应时代发展以及人们对知识的需求与渴望，在这样的背景下，许许多多的知识型信息服务机构应运而生。新的知识平台的诞生，使知识服务有了新的发展契机。新兴的知识信息服务

平台的知识存量庞大，涵盖知识面丰富，且大多依附于网络技术，以网络服务平台的方式展现在世人面前，所以它也具有用户使用无地域、时间限制的优势，这是传统图书馆不具备的，也是无法比拟的优势。在信息化发展趋势下，海量知识信息与大量知识服务平台的产生，用户可以方便地获取知识信息，而不再像以往那样需要专业的知识体系，才能找到自己所需的知识资源，且丰富的知识获取渠道也威胁着图书馆知识中介的地位，使图书馆的发展遇到了危机。要想让图书馆可持续发展，成为人们生活工作的助力，就必须对图书馆信息管理进行改革，而首要任务是依托于计算机信息技术对图书馆进行知识整合。使图书馆知识服务平台提供的知识可有效地为大众所用，让图书馆真正起到知识中介的作用。

（二）知识服务是图书馆创新发展的新生长点

在日益艰难的生存环境中，图书馆要想有良性的可持续发展，就需要改变传统的发展理念与管理模式，将知识信息服务发展成图书馆的主要工作内容，只有顺应了广大用户的需求，被用户所需要才会有生存发展的空间。知识整合恰恰是发展知识信息服务的必要前提，知识整合可以针对用户的普遍需求，通过图书管理人员的知识体系，结合各方面需求对知识资源进行整合与再创造。图书馆的天然优势在于对网络知识资源、自身馆藏资源、档案管理部门，甚至是一些研究机构的知识信息都有获取的能力。广泛的信息资源能够更好地完成知识整合，使知识体系更加完善，为用户提供专业化、个性化、精确化的知识服务平台缔造条件。

三、图书馆知识整合策略

知识是图书馆立足的根基，更是图书馆管理的核心内容。有学者认为，管理是对单位机构内外部可利用资源的有效整合。以这一观点来讲，知识整合真是有效促进图书馆知识管理的有效手段，所以图书馆要实现管理的现代化、个性化、信息化，就离不开知识整合，知识整合是推进图书馆可持续发展的助推剂。施行图书馆知识整合可从以下几个方面入手。

（一）通过知识分类来整合图书馆知识

分类是人们认识世界的主要方式之一，分类可以使事物客观、清晰、有条理地展现在人们面前。对于数量庞大的图书资源信息，分类是知识资源整合的有效方法。对于知识的分类方式多种多样，如按照知识应用的领域，可划分为专业知识和通用知识；按使用角度，可划分有原理类、分析论证类、指引教导类等多种类别。

将图书馆知识进行分类就是将知识清晰、有序、合理地整理。知识在精细化划分后，就可以在此基础上对知识进行梳理、分析、归纳，最终达到知识整合的目的。整合后的知识会成为一个完善的知识体系，从而达到用户知其然，更知其所以然的目的。通过知识整合对图书馆资源进行优化管理的同时，提高其使用价值，增加效益。

（二）通过知识转移来整合图书馆知识

知识社会发展积累的、人类各项活动沉淀的、在集体生存发展中创造的，工作、生活、学习等活动在使用知识的同时，也创造着知识，但种种活动方式都离不开集体，所以可以说知识是集体的、是由集体所共享的。图书馆知识转移的主要对象是图书馆单位集体内的工作团体在完成某项工作过程中，所学到的并了解其本质的知识。

完成图书馆知识转移要明确影响其转移成功与否的三个要素。第一，预期的知识接受者。图书馆提供的知识服务，不论管内工作人员，还是馆外用户，最终都要服务于人，而这个被服务的人群就是预期的知识接受者。第二，任务性质。关于任务性质要考虑到它是经常反复发生的，还是偶尔执行的；执行任务是实用的方式或执行过程是相同的还是不同的。第三，知识类型。被转移的知识分为隐含知识和明晰知识两种。图书馆知识转移的过程是由某一图书馆工作团队执行一项任务并得出相应结果，团队建立行动和产出的联系，而后得到共有知识，在通过选择合适的知识转移系统，转化成其他人能利用的形式，在转移给接受知识的团队，团队可根据自身需要改良知识，以便自己利用，这样接受知识的团队又变成了一开始的任务执行团队，也就是知识提供团队。由此，可把图书馆知识转移分为以下几种。

1. 连续转移

连续转移是指一个工作团体在一个工作前提下完成某项图书馆任务时所获得的知识，在这个工作团体在另一个工作前提下完成相同性质的工作任务时使用到了。即工作团队在不同的工作背景下完成相同性质的任务，同时在上一个工作获得的知识被转移到下一个工作中，被转移的知识是隐含知识和明确、清晰的知识。同样我们可以看出在连续转移中，知识的提供者也是知识的接受者。例如，某一工作小组带领着下辖工作小组用一种工作方式完成了一项任务，又在带领其他下辖工作小组完成相同任务时，同样使用了这种工作方式。

2. 近转移

近转移是指在一项长期执行，且需要重复的工作中，工作执行团队获得的明晰知识被另一个工作团队执行类型工作中所使用。即在相似的工作条件下，知识提供者将其工作所得明晰知识转移给知识接受者，并为其使用。近转移知识的工作性质是经常性和常规性的。比如，一所大学的图书借阅管理标准推行使用后，也被另一所大学图书馆使用。

3. 远转移

远转移是指一个工作团队从事某一任务时获得的隐含知识，被另一个工作团队获取。即知识接受者在与知识提供者不同的背景下执行相同或相似的任务，而接受知识提供者的明晰知识。远转移的工作性质是经常性和非常规性的。例如，两个隶属不同部门的工作团队合作执行同一个任务期间，其中一个团队获得的隐含知识被另一个团队所使用。

4. 战略转移

战略转移是一种集体转移，是未完成图书馆某项重要战略任务的图书馆的集体知识转移。即知识接受者在与知识提供者不同的任务背景下，完成的一项非常规的、对图书馆意义重大的战略任务。例如，A图书馆进行人力资源体制改革所使用的措施借鉴了B图书馆的改革措施；再如，在C图书馆实施资源整合的过程中使用的战略方法是借鉴D图书馆资源整合的方法。

5. 专家转移

专家转移即是在图书馆某一工作小组在执行某项任务时，遇到了依据自身知识无法解决的难题，主动需求他人帮助的知识转移。这里知识的提供者和知识接受者执行的任务不同，但会有相似的背景，任务是常规但很少发生的。例如，某一图书馆提升优化信息检索效率，向某信息研究小组发出求助信息，并得到反馈，进而解决信息检索优化问题。

（三）通过业务流程来整合图书馆知识

图书馆的业务流程通常是指从各种信息资源的收集开始，围绕用户知识需求为根本出发点，到图书实施管理并为用户提供所需书籍资料或知识服务等一系列的活动。知识整合就是知识管理，将知识管理与图书馆实际运作流程相结合，在提供知识服务过程中，了解用户需求，更好地为知识整合奠定基础，精细化、完善的知识整合是为用户提供知识服务的基础保障。知识整合不仅能够提升图书馆的管理效率，更可以节约成本，避免重复冗余的知识资源。图书馆业务流程知识，可将知识划分为：其一，基础常识，即人都应了解并掌握的知识，是最基本的知识类别；其二，常规操作技巧，即为完成常规工作应具备的具体操作以及相应的工作技巧；其三，业务经验，顾名思义，业务经验就是经长期工作而总结出来的隐性知识。前两种业务流程知识类别是可以标准化、规范化的知识，是可以被清楚表述并学习的。而业务经验这需要通过不断的积累总结才能沉淀为知识，是知识提供者的隐性知识。

图书馆业务流程是否合理，直接影响着图书馆业务效率，是图书馆管理的实现手段。图书馆的发展需要推进优化业务流程工作，加速知识资源的整合。在图书馆业务流程视角下，可以将图书馆的知识整合分为横向整合和纵向整合两种方式。

所谓的纵向整合重组就更加的复杂,它是有业务流程的每个步骤垂直的整合,同时需要考虑每个步骤的所有影响因素,整体考虑流程知识体系,实行多方面的整合。

横向整合主要是指对相同或相近的业务流程的知识进行横向的分析研究、沟通整合。横向整合同样有两种方式,一种是图书馆内部的横向重组,是图书馆知识整合的主要对象;另一种是图书馆外部,即多个图书馆机构之间的相互交流与合作。通过横向整合的方式,提高图书馆局部的业务能力,从局部到成长促进整体的发展。现阶段,一般的大型图书馆内部同一业务工作内容需要两个或两个以上的工作小组,这就需要横向整合去有效处理两个工作组的沟通问题,取长补短、避免资源浪费。

第三章 图书馆信息采集管理

第一节 图书馆信息采集的具体要素

一、图书馆信息采集的总体原则

（一）主动及时原则

主动是指图书馆在更新信息资料时必须持主动性态度，才能及时捕捉和采集即时信息与资料。所谓及时，是指收集信息必须反映当前社会活动的现状，也就是信息可以包括他人未发现的、独特的，并能及时、准确地反映事物的个性化信息。

（二）真实可靠原则

具体来说，就是要"去粗取精、去伪存真、由表及里"，在进行信息采集时，必须坚持调查研究，利用比较、鉴别来采集真实可靠的信息，以便采集到的信息有实际应用价值。

（三）针对性原则

在信息采集工作中应根据单位的意向，针对实际工作任务和服务对象的真实需要，有目的性、有针对性、有重点、有选择性地采集和使用价值突出的、符合用户需求的信息，这样才能既满足用户单位的需求，又能提高信息工作的投入和产出效率。

（四）全面系统原则

所谓全面系统是指时间上的连续性和空间上的广泛性。只有以全面、系统的采集工作为前提，才能有所侧重，有所选择。

（五）选择性原则

选择性主要是指图书馆在进行数字信息资源的采集过程中，包括以下内容。首先，应对信息来源有所选择，重点采用信誉高、稳定性强的网站的信息。高质量的信息源往往能够保证高质量的信息。其次，资源采集所用的方法要有所选择，应用不同的信息采集方法所获得的信息往往不同，善于通过多种途径进行信息的采集工作，有益于信息采集的全面性。最后，采集的数字信息应把质量放在首位，在保证质量的情况下兼顾数量。有选择而不盲目是图书馆在数字信息资源建设过程中必须加以强化的。

（六）协调性原则

这主要是指协调图书馆传统数字信息资源与数字信息资源采集的比例，解决印刷型数字信息资源建设和数字信息资源建设在资金利用上的矛盾。同时，协调性原则还指协调馆际间数字信息资源的共建，建设有特色的数字信息资源的馆藏，以此达到资源的共享，合理有效地利用宝贵的人力、物力和财力资源实现数字信息资源的采集。

（七）互补性原则

数字系统的组织主要是针对本馆信息资源的不足而进行的，数字信息资源不论是在内容上、数量上的组织，还是形式上的组织，其结果都是对本单位收藏数字信息的补充。所以，应以数字获取信息为补充，实现馆藏数字信息的数字化、电子化，与印刷型数字相辅相成、衔接互补，形成布局合理、结构优化、功能强大的数字信息保障体系。

（八）有效性原则

数字信息资源不论是馆藏体系上的考虑，还是需求上的考虑，其落脚点都是用户的有效利用。所以，应针对数字环境下信息服务工作的特点及时进行适应性调查，积极探索信息服务的新模式，使网上组织的信息资源得到有效利用。

二、信息采集的渠道

总体来说，图书馆信息采集包括以下渠道。一是购买，包括订购、现购、邮购、委托代购、网购等，这是获取信息最常见的方法，也是主要途径，主要用于记录型信息，例如图书、期刊、报纸等。二是交换，指信息管理部门之间互相交换信息。三是征集，主要指向地方、民间有关单位或个人征集历史档案、书籍、手稿等；收集指利用互联网在世界范围内收集所需要的信息，主要用于网络信息的采集。

三、信息采集的方法

（一）定题采集与定向采集

所谓定题采集，就是根据用户指定的范围或需求有针对性地进行信息的采集工作，也就是我们常说的定题服务的范畴；而定向采集是指在采集计划范围内，对某一学科、某一国别、某一特定信息尽可能全面、系统地采集。通常定题采集和定向采集在实践中都是二者同时兼用，这样更能做到优势互补。

（二）单向采集与多向采集

单向采集是通过单通道采集信息的方式，这种方法非常有针对性。多方向采集是指特殊用户群的特殊要求，特别是它被广泛用于收集信息，这种方法成功率比较高，但非常容易重复。

（三）主动采集与跟踪采集

主动采集是指对需求或根据采集人员的预测，事先发挥主观能动性，积极为用户采集信息。跟踪采集是指对有关信息源进行动态监视和跟踪，以便更加深入地研究所跟踪的对象。信息采集人员应该根据实际情况和用户需求，合理地使用采集方法。

四、信息采集的程序

（一）确定方针

将"分工协作、合理布局、资源共享"作为信息采集工作的基本方针，每一个采集系统都应该根据自己的目标和任务制定策略。

（二）制定计划

所谓采集计划就是具体的采集实施方案。它不但要包括具体目标，还要包括解决问题的方法，可以采用一般常用的计划形式，如年度计划、季度计划和月计划等。

（三）工作实施

信息的采集必须连续不断、持之以恒，而且要有一定的财力支持，此外要求信息采集人员具备一定的社交能力，能够解决信息采集过程中遇到的各种情况。

（四）反馈用户信息

信息采集的根本目的是为用户服务，所以收集到信息之后并不意味着信息采集完成，而应该收集用户反馈信息，改进工作，进一步提高信息采集工作的质量。

五、图书馆数字信息的采集

（一）图书馆数字信息资源的采集策略

1. 把握正确的发展方向，制定和调整相适应的图书馆数字化信息资源建设的政策

由于数字信息资源与传统数字信息资源的区别，传统的图书馆数字采集政策已经无法适应图书馆数字化发展的要求。为适应出版物载体形式的多元性和信息出版业以及电信技术的快速发展，在馆藏和网上信息资源之间实现最有效的资源配置，正确确定选择不同数字载体的原则、方法，图书馆必须制定本馆的信息资源建设发展政策，其内容应包括：数字的选择与采访（特别是数字信息资源的获取及其与印刷型数字之间比例关系）政策、经费分配政策、藏书发展政策纲要、信息管理与保护政策、馆际互借与资源共享政策等。

2. 调整各类数字资源的馆藏比例结构

各图书馆应从馆藏结构的科学性和合理性出发，科学规划馆藏各类型信息资源的比例。数字化信息资源建设需要考虑数字化信息资源内部各类型之间的比例关系，还要考虑到数字化信息资源与传统型数字资源之间的比例关系，根据本馆的用户需求特点以及经费情况合理配置各种数据库，包括单机数据库、联机光盘数据库、数字数据库以及数字电子书刊。另外，图书馆还需要合理规划印刷型数字资源与数字化信息资源之间的比例，使各类型信息资源有机地结合，发挥出最大的效益。其中在印刷型期刊与全文电子期刊的比例关系中，由于全文电子期刊数据库大多是跨年度收录，那么不乏大量的内容与相应的印刷型刊物重复。在这种情况下，图书馆应该对印刷型刊物的取舍问题有明确的规定。有关资料显示，美国多家图书馆近年来陆续取消了多种印刷期刊的订购，原因就是与电子资源重复。目前，为了适应数字存贮与传输介质的变化和发展，为教学和科研提供信息资源保障，图书馆应改变当前馆藏以印刷型数字为主的局面，逐步扩大数字化信息资源收藏比例，并朝以数字化信息资源采集为主的方向发展。

3. 逐渐调整和增大数字化信息资源采集的经费比例

数字环境为合理利用图书馆信息资源建设的经费提供了很好的条件。图书馆可以通过数字方式采集世界各地的各种学科、各种类型的信息资源。在经费的分配中，要根据资源共享的原则，用有限的经费去购买最常用的数字信息，对于价格昂贵、用户较少的数字信息，可以通过资源共享的方式去解决，从而达到节约经费、补充现有馆藏信息不足的目的。由于数字资源对信息技术设备的依赖性，在馆藏数字数量逐渐增加的同时，还应相应增加计算机等信息技术设备的经费投入。

4. 走加强合作，实现信息资源共享的发展道路

馆藏信息资源和网上信息资源是共同构成图书馆信息资源共享服务的信息资源基础，任何图书馆离开数字资源，只靠自己有限的馆藏资源来提供广泛的信息资源服务都是不可想象的。正确认识和处理信息资源共建与共享的关系，尽快实现系统内外的数字化协作。同时，必须对自身服务对象所需要的数字信息进行分析、研究，不断提高本馆数字信息资源的保障率。对哪些信息资源能够通过馆际互借或复制的方式获取，哪些信息资源必须通过购买的方式获取，哪些信息资源是可以通过数字信息资源直接获取，必须熟悉和清楚，力求走在更大范围内实现数字信息资源共享的发展道路。

5. 以计算机数字信息技术为依托，建立国内数字信息资源的保障体系

随着电子计算机和通信技术在图书馆的应用，各种数据的高密度存储和远距离传输使图书馆事业发生了深刻的变化，使得图书馆数字化也进入了一个新的阶段。数字信息资源建设是数字情报工作现代化和实现数字信息资源共建共享的必由之路，以计算机数字信息技术为依托的数字信息资源是国内数字资源保障体系的最佳模式，它将最终解决国内数字资源建设各自为政的局面。

（二）图书馆数字信息资源采集途径

1. 订购

为了做好订购工作，要与出版发行部门经常取得联系，主动介绍本单位的业务情况以及对数字信息资源的各种需求，以便能得到最新、最全的信息资源。

2. 交换

这是信息资源交流的一种形式，也是资源收集的重要途径。交换可以获得不公开发行或不能通过贸易途径获得的非卖品，便于补缺。尤其是在信息研究网络资源交换上，大家都已形成共识，利用 BT、eDon、Key 等 P2P 方式交换资料就是一种非常好的信息搜集方式。

3. 现场搜集

通过参观访问或参加国内外各种学术会议、经验交流会、各种讲座等方式，进行文献的现场搜集也是一种有效的办法。比如，利用数码摄像机进行现场拍摄、利用录音笔进行现场录音可以直接取得第一手资料。利用这种方式获取的资源，不仅用时少、可靠性强、

实用率高，而且针对性强，便于大面积传播学术信息的需要。

第二节 图书馆信息采集工作

一、造就开放式的信息工作环境

（一）观念转变到位

所谓观念转变到位，就是由过去传统图书馆信息采集的思维定式向数字化图书馆信息采集的思维定式转变，由"单向"采集（一般指一种学科、一个专业等）思维定式向"多向"采集（一般指越来越多的交叉学科）思维定式转变，由"一般化"采集向"差别化"信息采集转变。信息服务人员要增强信息开拓意识、信息加工意识和信息服务意识，把过去被动、简单的信息传递工作升级为综合加工、全方位、深层次的信息服务上。

（二）信息采集的技术手段到位

信息资源在当今社会是重要的战略资源，它在推动人类社会发展、促进社会进步方面发挥着不可低估的重大作用。如果停留在过去简单化的信息采集工作上，那么势必无法满足当今社会对各类信息需求。信息采集应该随着现代信息技术革命的风起云涌，推行信息采集的电子化、网络化、现代化技术和采集方式的多元化，提高开发利用信息的能力和工作效率，促使信息资源在数量上、质量上都能满足社会需求，为促进产业结构调整、生产方式转变，努力提高劳动生产效率服务，促进信息产业和信息经济的发展。

（三）建立多层次信息采集网络到位

既要有专业信息资源采集队伍，更要有一定数量的业余辅助信息资源采集人员；既要有校内采集网络机构，又要有校外信息采集网点；既要有"阶段性"信息采集工作布局，也要有"连续性"信息采集工作计划，捕捉创新机遇。

二、把握图书信息采集工作规律性

任何事物发展变化都有其内在规律性，作为具有事物存在方式和运动状态属性的信息，同样具有内在规律性。只不过信息是无形的，只有借助于物质载体才能存在。正因为如此，信息的规律性表现为与其他事物的不同特点，集中体现为其认知主体对客体认识的层次性及信息的动态性和时效性等诸方面。信息采集要从这一基本特点出发，对其实施长期、持续和动态观察，进行摸索、收集整理和存储，认真开发和利用好信息资源。图书馆知识性的信息，直接面向广大读者，把握好图书信息采集工作规律性以满足各方对知识的需求，这是馆内必须做好的信息采集工作。

（一）要有计划性

信息是不断发展变化的，有时杂乱无章，其采集工作不可能一蹴而就，贯穿在信息处理全过程。图书采集要根据本馆需要，师生需要，专业需求，读者的期望以及整个经济、政治、社会发展需要，做好采集的计划性，并在形势发展变化中做好微调、中调工作，避免盲目性、缺陷性。

（二）要准确定位

信息有真伪、虚实，其时效性也比较强，不能报什么采什么，必须综合分析，有的放矢，充分利用信息源，推动信息升值，使采集的图书信息既满足一般需要又有其前瞻性使用价值。

（三）要突出时代特色

当今时代，突出表现为"快"——形势发展快，信息变化快；"新"——新事物，新东西层出不穷。信息采集要适应时代"快""新"变化，才能满足科技创新、科技强国的需求。

此外，要注意高校图书馆信息采集的自身发展、历史变迁，不断总结经验，不断创新思路，努力揭示信息收集、加工、存储、控制服务的内在规律，形成比较完备的机制，努力为高校师生、社会各行各业科技创新、科技强国提供一流服务。

三、加强图书信息采集队伍建设

世界万物都在不停地运动变化，与之关联且反映其属性的信息也在不断地发展变化与更新，这种变化和更新能否及时反映和运用，是与其认识主体密切相关的。作为采编人员，我们不可能要求其成为全能的学者、专家，但了解和掌握某一学科的前沿知识也是不过分的。这种具有各类知识人员所组合的团队就是一支较完整知识结构的队伍。这是一个基础性、前瞻性的工作。这就要求建立知识学习、开放学习、和终身学习制度，培养具有知识型、事业型、奉献型团队。

从学习形式上说可以有专业培训、业余培训、岗位培训及长短型轮训等，从长计划，合理安排。对于从业人员个体来说,应有针对性地加强自身业余学习,提高个人信息素养、知识素养和职业道德素养;对于团队整齐来说,应注意人员合理搭配,定期培训,提高团队整齐素养,使信息队伍满足时代发展需要。因此,学校应采取强有力措施,立足当前,长远谋划,锲而不舍,不断探索,保证信息工作正常、有序、高效地进行。

(一)要领导重视,加强信息采集工作重要性宣传

营造和创新有利的舆论环境和便利的工作条件,结合高校实际情况,争取每年一次研讨会,每学期采编工作交流会,随时为信息采集工作补充新信息。领导要下去多听老师、学生意见,多听信息采集人员意见,多听取社会反馈信息,博采众长,集思广益,及时更新采集计划,不断跟上时代步伐。

(二)要部门努力,提升信息工作后劲

部门领导、技术人员、采集工作人员,应三位一体,相互协作,确保信息工作早准备、早实施、早采集、早筛选、早到位,不临时抱佛脚。

(三)要提供经费保障

信息采集工作所需经费应列入每年财政预算,并根据需要预备适当的机动余地,预算经费应包含人员培训经费,并做到专款专用,不得随意侵占和挪用,结余转入下一年。

信息采集工作是对人类社会发展的昨天、今天的知识进行逐步积累,为后人科技创新提供知识支撑的基础性工程,是时代发展赋予的历史使命。参与者应该有一种光荣感、历史感和使命感。

第三节 RFID 技术在图书馆信息采集中的应用

一、RFID 技术发展概况

(一)RFID 技术应用背景

RFID 技术起初主要应用在军事领域中,20 世纪 40 年代,RFID 技术主要用于空中作战,其任务是识别敌我双方,战后因为该技术费用比较高因而未能推广。随着社会的发展和技术的进步,RFID 技术在 20 世纪末被欧盟国家在公路收费中应用,随后该技术在各领

域中逐渐得到广泛的应用。

(二) RFID 技术工作原理

RFID 作为一种自动识别技术，其工作原理如下：把被识别的物品"贴上"电子标签，然后阅读器利用天线发射无线射频，然后接收天线接收载波信号（由电子标签传送而来），经由大线调节器输送给读写器，进而完成识别工作。其中，电子标签主要是由芯片与耦合元件构成，且每一个电子标签都有自身对应的电子编码。当电子标签通过无线射频发送后，与读写器"感应"获取能量完成传送，然后读写器根据接收到的标签进行合理的处理和调整，最后利用计算机网络完成信息识别、采集、处理等一系列工作。由此可见，RFID 技术管理系统主要包括电子标签、读写器、天线、数据传输以及处理等内容。

(三) 图书馆信息管理中应用 RFID 技术存在的问题

1. 频率选择

目前投入商业应用的 RFID 无线射频识别技术有高频（HF）和超高频（UHF）之分，目前对于图书馆在进行 RFID 系统更新时到底是采用高频还是超高频业内还存有不少争议。从世界大环境来看，高频（HF）方案被欧洲、亚洲、北美等地区绝大多数图书馆普遍采用，但诸如国内的汕头大学图书馆，也有少数图书馆采用超高频（UHF）方案。从技术层面讲，UHF 较 HF 有着明显的距离优势，阅读距离相对长，能够达到 4~6 米，这个距离优势体现到在图书馆的应用中却恰恰成为高频技术的一个弱点。由于阅读距离较远的缘故，当读者使用自助借还机办理图书借还手续时，排在该读者后面人的图书标签和借阅卡有可能被误读。超高频（UHF）方案应用于图书馆不可避免地存在着一个致命的缺点，那就是各个射频标签之间的互相干扰，导致在处理多本图书借还手续时失误率提高，并且在读者携带多本图书通过防盗门禁时，漏读、漏报率较高，造成不必要的损失。此外，超高频（UHF）射频标签的工作频率为 860~960MHz，其标准并未完全统一，兼容性存在缺陷。而高频（HF）射频标签自 20 世纪 90 年代开始在世界各地的图书馆大量应用，技术相对成熟、稳定。因此，从发展的长远性看来，高频（HF）在图书馆信息领域的应用仍具有明显的优势。

2. RFID 无线射频技术的标准化问题

虽然 RFID 无线射频识别技术在国外图书馆管理方面得到广泛应用，但是，在国内技术标准尚未统一。实际上，在确定选用高频（HF）RFID 无线射频识别技术之后，标准是否统一的问题也就不攻自破了。

3. RFID 射频标签成本障碍问题

目前，限制 RFID 电子标签进一步大规模应用的主要原因在于芯片制造成本居高不下。整个 RFID 射频识别系统的花费主要包括标签、系统转换、相关设备和人工费用，其中射频标签的价格是大家最关心也是争议最多的问题。"成本障碍"在我国成为 RFID 电子标签发展的一个瓶颈，其中深圳、武汉图书馆在应用 RFID 系统时的射频标签每个为 4 元左右，这个价格确实不是一般的图书馆可以承受的。但随着 RFID 射频识别技术在图书馆的逐渐推广使用，RFID 射频标签的大规模生产已使其成本逐渐降低，目前低至 0.4 元左右。另有报道称，要充分发挥 RFID 技术的核心价值，比如在交通、企业、小区充分重视对应用模式的研究和设计，科学设计其应用价值链，追求其使用价值最大化是解决 RFID 成本问题的关键。如果我们能成功地利用有机芯片取代硅芯片，标签成本将下降到约 0.01 元。再考虑到标签的使用寿命远远超出条形码寿命，以及 RFID 引入后可显著降低人工费用等优点，长远来看 RFID 电子标签的性价和传统的条形码相比优势将非常明显。

4. RFID 技术与图书馆管理信息系统的整合问题

然而，RFID 技术在图书馆管理方面的引入还无法与图书馆现有的信息管理系统完美融合在一起，当前国际上 SIP2 通用协议可以作为图书信息管理系统与 RFID 处理终端之间的数据接口协议，它可以完成图书信息管理系统和 RFID 系统的数据交换，从而实现图书信息管理系统和 RFID 系统的无缝连接。在实际项目实施过程中，馆方可要求 RFID 系统供应商必须在与图书馆信息管理系统供应商进行充分协调的前提下，提供详细的 RFID 系统与图书馆信息管理系统软件、硬件接口的完整解决方案，以此来解决二者的融合问题。

5. RFID 系统的安全问题

影响 RFID 技术大面积推广使用的另一个重要原因是其安全性问题，因为 RFID 射频标签是直接贴在图书上，比磁条的隐蔽性差，所以较为容易被损毁。除此之外，RFID 标签在两三层锡纸包裹起来的条件下即可造成信号屏蔽，使读写器无法读取到射频信号，因此图书很容易被夹带带走。为了解决以上问题，相关 RFID 系统供应商应提供 RFID 与磁条相结合的解决方案，利用传统的磁条防盗技术来弥补 RFID 技术安全性上的不足，但是这样又会使成本有所增加。

（四）RFID 技术在现代图书馆中的应用

图书馆作为信息服务部门，其全部工作价值都必须通过服务这个环节来予以实现，而作为重要的文化信息中心，图书馆自动化系统及相关技术对提高服务的质量和效果起着极为重要的作用。RFID 技术可以极大地提高图书馆服务的质量和工作效率，对图书馆自动化系统产生较大的变革。

1. 图书馆自助站与自助借还

使用 RFID 建构图书馆的自助借还站，进行图书馆的自助借还服务，这是每个图书馆引进 RFID 最基本的目的，是图书馆基于 RFID 系统改造的基本内容。

RFID 自动借书子系统由自动借书机实现，主要由 RFID 图书自动化提取和 RFID 图书自动传输机两个模块组成。自动借书机处理读者的借阅信息，将信息连接到 RFID 图书自动提取子系统，智能化管理书架子系统处理 RFID 信息，并释放图书资源。当自动借书机收到指令信息，读者就能得到所要借阅的图书。RFID 自动还书系统主要由自动还书机、RFID 图书电子标签、还书箱和服务器组成。当读者还书时，通过阅读器读取书籍的 RFID，连接服务器查询相关读者信息，修改其借阅信息，并自动控制还书箱中的图书，对已归还的图书实现自动存储到智能书架。RFID 图书馆智能化管理系统可利用最短的时间，实现对大量 RFID 图书的有效管理和借还，同时更快速且有效地处理大量 RFID 图书的数据信息。

2. 还书箱与自动归还

传统的还书箱服务实际工作上并非实时服务，无法为读者立刻提供还书记录等。而自动归还具有实时归还的功能。基于 RFID 技术这一模式的还书箱，将 RFID 阅读器与天线装入传统还书箱中处理有 RFID 标签的书本，它将会实时处理滑进还书箱中的书本。对于读者来说，与传统的还书箱没有明显的区别，他们所需要做的仅仅是将书本放进还书箱中。而有时图书馆为了提高还书箱读取 RFID 标签的机会，会要求读者一次只能放进一本书。KIOSK 模式（自助服务机）的还书箱就是基于 RFID 技术的设备，并且会有计算机人机交互的界面，让读者进行一些功能选择，提供打印收据、借还、返还错误书本等功能。

3. 自动分类系统与图书自动分类

RFID 图书自动分类系统一个潜在的巨大优势，就是可以更加方便地进行自动书本处理，但它确实可以显著改进图书馆还回图书的分类过程，减少图书馆工作人员的时间与花费（节省人力资源）。一般图书馆为了提高分类系统的准确率，会要求读者每次只能还回一本书，待该书处理完成后才可以放入第二本，这是为了保证书本被摆放于传送带的正确位置。自动分类系统对书本所做的分类是基于书本对应的分类号。图书馆的 RFID 系统会根据自身实际情况设定分类依据。

第一，异常图书。如无法通过 RFID 的识别进入还书箱，图书馆工作人员可以查明该书本无法识别的原因并进行相应处理。这些异常的图书可能会包括 RFID 标签损坏的图书或没有 RFID 标签的图书。

第二，被预约图书。该类别也是一种特殊的图书，将被预约的图书分别拣出，可以省去由工作人员拣出被预约书本的工作量，提高工作效率。

第三，按照分馆进行分类。

第四，按照分类号进行分类。

RFID 提供的自助还回、自动分类功能，可以极大降低工作人员的工作时间和劳动强度，尤其是自动分类功能，被认为是图书馆 RFID 投资最明显的回报。RFID 提供的图书馆书库管理功能，可以使图书馆方便开展图书盘点、书本查找、顺架等操作。使用 RFID 书库管理的功能还能够进一步减少丢失图书、寻找图书的时间，用户可以自由借还书，借还速度加快，排队时间减少，从而极大提高了用户的满意度和图书馆的服务质量。

二、RFID 的属性

（一）频率

所有的 RFID 交流都是在一定的频率下进行，频率计量的是电磁波在某一单位时间内通过空间中某一点的波的数目。频率的单位是赫兹（Hz），表示的是每秒周期性变动重复次数的计量。根据标签频率的高低，RFID 有高频（HFRFID）和超高频（UHFRFID）之分，前者与后者各有优缺点：高频技术应用成熟、应用馆多、不易误读、价格稍贵、标签隐蔽性差；超高频技术在图书馆的应用尚在探索中，应用案例少、易误读、价格便宜、标签隐蔽性比较强。现在国内大部分图书馆均采用高频技术，少数图书馆（如汕头大学图书馆、北京石油化工大学图书馆、浙江图书馆等）应用超高频技术。

因为 UHF 标签的价格更便宜，并且随着物流供应链领域的广泛使用，其价格下降会更快，而且其读取范围更远，可以进行功能上的扩展。用户可以根据实际情况做选择，例如中国人民大学图书馆在选型过程中就发现超高频标签不能与现有磁条兼容，上百万册图书如果进行去磁条加工，不仅成本高且易损书；在对已使用高频 RFID 的图书馆行进考察后发现并没有因为高频 RFID 隐蔽性差而造成破坏，因此决定选择高频技术。北京石油化工大学考虑到超高频标签的隐蔽性好且读取速度快而采用了超高频技术，采用超高频技术的还有中国台湾世新大学图书馆、中国香港城市大学图书馆等。

（二）能量来源

RFID 标签按照能量来源划分，可分为主动式和被动式：主动式标签有内置电源，可以通过运行芯片电路使之主动发送数据和阅读器交流，电源使得标签信息传播得更远；被动标签没有内置电源，它们接收来自阅读器发出的电子磁场能源，并发送数据。被动式标签（无源电子标签）没有进入 RFID 阅读器读取区时不会发送数据。被动标签的能源由于依赖于外部，因此只能传送相对有限的距离。

图书馆的应用选择被动式标签,其原因首先是图书馆的书本识别只需要相对限制的读取区域;其次是主动式标签由于主动发送数据,那么可以利用 RFID 阅读器轻易读取到相关信息,引起侵犯个人隐私问题。

(三) 读写性能

RFID 标签根据读写性能可划分为:可读写标签 (R/W) 和一次写入多次读取标签 (Write Once Read Many,简称 WORM)。

可读写标签在其使用过程中可多次被读写。在图书馆 RFID 安全建构方式中,如果使用安全位负责图书的安全,那么肯定需要采用可读写标签。在 RFID 的安全位方式中,书本借还通过改写安全位的状态,从而标示书本的状态。WORM 允许只向标签一次性写入信息,当标签被编码之后将无法更改或重新编码。读取 WORM 标签所需要的能量比较少,因而其读取距离相对于可读写标签而言更长。使用 WORM 标签的 RFID 安全建构方式一般是采用查询数据库方式,即系统读取书本的 ID 标识号后,通过查询数据查明书本的借出或已归还状态。

(四) 数据容量和数据内容

数据容量是指 RFID 标签能够存储数据的大小。目前,用于图书馆的 RFID 标签数据容量各不相同,范围从 12 字节至 256 字节不等。其中 WORM 标签的数据容量一般较小,只需要容量足够存储物件 ID 号即可。

RFID 的数据内容是指标签中存储的数据信息以及结构,即是存储哪些数据和数据存放的位置。在图书馆应用中,必然要存储书本的标识号数据。在标签存储容量有剩余的情况下,可以选择再存储其他信息。

三、图书馆信息采集系统与射频识别 (RFID) 技术

RFID 嵌入式射频信息采集技术是集合了电子计算机技术、应用电子技术、半导体技术等前沿应用技术的综合体,在诸如计算机、信息管理、图书管理等领域都具有极大的潜能。

传统图书馆现有的图书信息采集嵌入式系统使用的是条形码和磁条技术,工作效率低。但是当图书管理采用了 RFID 技术之后,读者只需要简单地将图书证和书放在指定的扫描区域内即可完成借还书服务,工作人员可以将有限的精力运用到其他的图书管理事宜上。RFID 标签可以记录书籍在图书馆书架上的具体位置信息,图书可以根据书架位置通过传送车或者传送带的方式,自动地将图书上架放置,极大提高了书籍管理的流通性。

四、基于 RFID 技术的图书馆信息采集系统的设计原理

整个 RFID 图书馆信息采集系统由电子标签、射频信号读写器和后台的应用系统组成。电子标签可以存储需要传输和判别的信息，它还具有智能读取和修改的能力，在通信方面，具有加密的功能，对信息的保护也有其巨大的优势。在使用体积方面，它薄如纸，可以轻便地放入任何位置。在图书馆用户使用时，只要电子标签进入识别的电磁场之中时，负责接收发出信号的读写器，凭借产生的感应电流发送出贮存在芯片中的电子标签数据。读写器读取所获得的信息译码后，将其送到中央信息处理系统，在实际使用的过程中，需要相关的硬软件支持。

读写器将需要发送的图书借阅数据，经过编码后加载在某频率的信号上，通过天线向外发送。当电子标签进入读写器的识别范围之内时，电子标签将读写器所发送的电磁波转换为电流，存储到配备的电容之中，然后无源电子标签利用存储的电能，对读写器发来的数据信号进行调制、解码、解密，然后针对信息进行判断。

五、RFID 图书馆信息采集系统详细设计

（一）系统构成

系统主要应用模块有：第一，图书管理系统服务器功能：统计数据信息、书籍借还相关信息、书籍书目数据；第二，电子侦测门：对相关人员进行出入的统计管理和安全管理等，并且可与监控系统相联系；第三，工作前台：书籍管理的常规工作，例如，借阅、归还、续借等；第四，自助借、还书机：一次性借还多本书籍；第五，盘点工作站：扫描书籍序号等相关信息；第六，制作工作台：设定相关人员的权限，可检查相关书籍的制作相关事宜，避免发生错误。

（二）系统参数的设计

1. 系统频率选择

RFID 的高频系统即可满足图书馆信息采集系统的需要，高频系统在满足技术方面需要的同时，具有体积小、造价低的特点。13.56MHz RFID 系统的高质量和大容量存储空间完全可以满足将图书馆内的每一本书的讯息存储在芯片中，这些数据在 0.05~1.2 米即可完成读写。另外，它的使用寿命至少 10 年，稳定可靠，具有巨大的优势。

2. 标签的选择

标签一共分为两类：有源标签和无源标签。图书馆信息采集系统使用无源标签较好，

它具有重量轻、体积小、价格低廉、无电池的特点，而且它的技术特性完全能达到要求。

（三）通信设计

1. 通信接口设计

读写器与计算机之间的通信接口采用 RS485/RS232 的方式，它具有系统的管理功能，保护系统完善，单机功能和网络拓展功能强大等特点。

2. 信息标识设计

在信息标识的设计方面，如果要实现用户自助式使用，那么就要采用自动化的识别技术，相应信息标识就应具有高效性，使用户能够在短时间内录入大量的信息，而且其价格比较低廉，具有一定的经济性。在实施的方面，要在现有信息系统的基础上，实现信息传送和存储格式的可行性。另外，在信息的传输和录入的过程中，要有极低的差错率。本次设计根据需要，在信息标识上需要包括的内容有：图书的安全码号、类别、馆别、识别码、制作机组、日期、作者号以及借阅号等。标签可以写入的数据包括：图书的 ID 号、书名书号、书架号、借阅者基本信息、借阅日期和时限以及其他的基本内容，该标签的大小根据客户需要制作，必须符合国家制定的图书管理标准。

第四节　图书馆网络信息的采集

一、网络信息资源的定义及特点

网络信息资源是指以数字化的形式存储于网络节点中，借助于网络进行传播和开发利用的信息资源与信息系统的集合体。互联网作为网络信息资源的核心与载体，其与传统的信息载体和信息交流渠道相比具有很大的不同。网络信息资源的主要特点可以概括为如下内容。

（一）网络信息资源是以网络节点为载体

传统的信息资源存储载体有纸质、磁盘、光盘、胶片等，而在信息社会中网络信息资源的存在是以网络节点为其基本载体，是以虚拟化的形式展现出来。人们从网络中获取信息资源，并且信息资源的内容更加丰富，覆盖面更加广泛。

（二）表现形式多种多样

网络信息资源既包括各种电子文献、书目数据库以及各种软件资源，也包括大量的流媒体信息，除了保存有传统的文本、图表、图形外，还增加了图像、声音、动画等多媒体信息。

（三）传播范围更广，更新速度更快

传统的信息资源在由文字转变为数字化的磁信号或光信号后，其在存储、传播、查询等方面变得更加方便快捷，并且存储的量更大更密，质量更好，可以通过互联网络进行更大范围的传播。网络信息资源的更新速度更快，时效性更强，主要表现在两个方面：一是新信息资源的发布速度更快；二是新旧信息的更替速度更快。借助于互联网络的优势，网络信息资源的发布速度比传统载体的信息资源发布的时间更短、数量更大，但与此同时也带来了网络信息资源稳定性差和安全性、可靠性不足等缺点。

二、网络信息资源采集与整合的意义

（一）通过网络采集存储所需信息

如果读者上机检索一个教育网的站点时，校园网出口将是第一个瓶颈。如果检索的站点是 ChinaNet 时，CERNet 与 ChinaNet 接口也将是一个瓶颈。如果检索国外的某个站点时，国际出口又是一个重要的瓶颈。

从目前网络应用情况看，网络存在着使用高峰。高峰期间，大多数图书馆的读者很难访问校园网以外的信息，特别是国外站点使用更为困难。如果将所需网络信息资源通过网络采集后存储到本地，图书馆只需一次对外访问，获取数据，从而减少了全校用户成百上千次的对外访问，既提高了检索速度，也减少了对网络的占用时间。根据网络信息的内容和本馆读者对资源的需求程度，对网络上采集的信息进行存储管理时，通常分为四个级别，即永久保存级、服务级、镜像级和链接级。

（二）将网络信息与本馆资源融为整体

就网络信息的整合来说，可以从两个方面理解：从内容层面上可以理解为，根据实际需要，按照一定的规范和标准，利用现代信息技术对网络上的文字、图像、声音和影像进行处理，并根据用户的需要将信息重新整理、排序和组合，使网络信息的知识价值得到提升，从而具有知识增值潜能；从技术层面上可以理解为，对存在于同构或异构的数字图书馆内部和外部之间的数字资源基于知识和内容进行集成、重组和融合。

分散的信息资源经过整合、集成后，应该达到查询一个综合信息不必再到各个分系统中进行分别查询和人工处理，在整合、集成后的数据信息仓库中就可以直接访问到，即整合、集成后的综合信息仓库中的数据是各异构数据资源的有机集成和关联存储，而不是简单的数据汇集，也不是简单地堆放在一个系统中。

（三）实现网络信息的一站式检索

虽然现在大多数网站信息发布工具都采用浏览器方式，采用 HTML 语言，为使用者提供了方便易读的工具。但是，各个数据库采用的检索点、检索词技术不同，显示的内容及提示信息不同，使用中读者仍然要学习多个软件的操作方式。另外，每个站点都是独立的，同一个主题的文献在不同的站点时，读者必须分别进入不同的站点多次检索。

此外，不同信息资源之间存在着语义上的区别，这些语义的不同会引起各种不完整甚至错误信息的产生，从简单的名字语义冲突（不同的名字代表相同的概念），到复杂的结构语义冲突（不同的模型表达同样的信息）。语义冲突会带来数据集成结果的冗余，干扰数据处理、发布以及交换。因此，网络信息资源经采集、整合、集成后的数据应该根据一定的数据转换模式统一数据结构和字段语义编码转换，实现读者的一站式检索。

（四）减少读者查询网络信息的经费开支

虽然上网费用特别是国际流量费用已经比较低，但如果每个人的访问都必须上网甚至链接到国外，对经费比较紧张的单位和个人来讲，积少成多，总计起来也是一笔不小的费用。如果一条数据有 1000 个读者使用，通过图书馆统一上网采集下载的方式，只需图书馆的一个工作人员访问一次，供读者在本地使用，国际流量则只占千分之一，从而大大节省了上网经费。

（五）提高网络信息的查准率

网络资源最大的特点是开放性，有许多免费资源可以利用。但是，由于发布者的目的不同，发布形式、时间也不同。站点的增加与撤销自由，今天发现的站点，明天可能就已经不再开放，这对于读者是最难掌握的问题之一。有时一个网站发布的信息非常多，与一个特定主题相关的信息只占其中一部分。一般网站会有大量广告、宣传信息，读者所需要的信息也可能隐藏在三级以下栏目内。虽然可以通过多次选择找到自己所需信息，但这无疑也会占用大量的时间。

由于数据的生产者不同，掌握的标准相应也就有所不同。类似的内容在不同的站点描述差异比较大。即使是使用相同的标准，由于标引者的水平差异，没有统一的规范控制，数据质量也不尽相同。特别是网上常见的垃圾信息和无用信息，只有通过采集与整合网络信息，剔除并过滤无用的网络信息，减少无用信息的干扰，才能提高网络信息的查准率。

三、图书馆网络信息资源采集的步骤

（一）分析信息需求，确定信息采集的学科专业范围

每个公共图书馆的读者群都不尽相同，因此其信息需求也有自己的特点。因而，在上网采集信息之前，一定要弄清自己的信息需求，也就是确定自己虚拟馆藏的收录范围，以及本馆网上信息资源采集政策。

（二）选择因特网信息查询、利用指南性工具书或网站

为了帮助人们上网查询信息，许多单位编辑出版了一些因特网资源大全等类似的指导性工具书。现在，除印刷型的网址大全外，网上还有许多网站专门提供网址查询服务。

（三）对初选网站进行浏览

初步确定是否与自己的需求相符，并对保留的网站按照事先确定的标准进行评价，可以初步依据网站被访问的次数、建站机构的权威性和知名度、网站传统媒体的重要程度、用户的评价、专家推荐意见。在具体操作时，我们可以针对不同的信息资源类型，对五个指标分配不同的权重。此外，对网站等级或权重的评价也应定期进行，确保评定的等级或权重能够反映其真实情况。

（四）根据评价的权重，进一步复选所需的网站

经过初选和对网站的具体浏览，可以过滤掉与需求不相关的网站。而且对确定所需的信息，可以进行进一步的加工。

（五）对选择的网站用元数据进行标引

元数据主要是用来描述 Internet 数据和资源，促进 Internet 资源的组织和发现。

四、图书馆网络信息资源的采集策略

（一）加大对网络信息资源的研究力度

对网络信息资源进行长期深入的跟踪和研究分析，是高校图书馆采集高品质网络信息

资源的首要工作。图书馆要采集高品质的网络信息资源，就必须首先了解网络中有什么样的信息资源，哪些是我们所迫切需要的，这些信息资源的可靠性、安全性如何，怎样才能获取这些信息资源以及这些信息资源的使用权限如何等。上述这些都需要图书馆进行长期深入细致的研究，只有这样，才能最终确定取舍，也才能进一步指导网络信息资源的检索、采集、加工等工作，从而使每一个工作环节都更加有依据。

网络信息资源时效性强、更新速度快的特点，决定了我们对网络信息资源的研究分析工作也必定是长期的、持续的、动态和跟踪式的，既不能停止对新信息资源的研究和发掘，也不能放弃对旧信息资源的关注。图书馆跟踪研究的频度至少应同步于网络信息资源的更新频度，否则所有的分析研究工作都将是表面的、浅显的，或有头无尾，或不够及时准确，这些都将对图书馆网络信息资源的采集质量产生负面影响。

（二）制定科学有效的评估标准

要采集到高品质的网络信息资源，制定科学有效的网络信息资源评估标准是关键环节。应制定出"特、精、全、省"的基本网络信息资源采集原则："特"是指具有特色的网络信息资源；"精"是指采集可靠性、安全性强，内容新颖，发布者规范的网络信息资源；"全"是指要确保网络信息资源采集的系统性和完整性；"省"是指要合理使用网络信息资源采集过程中的各项费用开支。

科学有效的网络信息资源评估标准是图书馆对网络信息资源进行长期研究分析的结果，这种标准一经确立就应保持它的相对稳定性，不能轻易改变而致使之流于形式。此外，由于网络信息资源的变化和信息用户需求的改变，也必须及时定期地对评估标准做出相应的小幅调整，但大的原则不能轻易改变。只有掌握好网络信息资源评估标准的变与不变，才能从根本上确保图书馆采集到高品质的网络信息资源。

（三）建立严格有效的信息保障机制

严格有效的信息保障机制是网络信息资源采集过程中的关键要素，完整、准确是图书馆网络信息资源采集的基本要求。当前，许多网络信息机构利用一些技术手段，阻碍对其网络信息资源的批量或完整获取。此外，网络信息资源的及时性也应是采集过程中要特别注意的一个问题。在短时间内及时有效地大量采集所需的网络信息资源，能为后续的整合加工及服务工作争取时间，为充分开发利用网络信息资源创造条件。因此，在图书馆整个网络信息资源的采集过程中，不仅要做好人力和技术设备上的保障，而且要做好目标任务的科学管理与统筹，更为重要的是要积极开展对网络信息资源采集方法、手段、工具的研究和探索，不断提高网络信息资源的采集效率，特别是在针对一些有限制的网络信息资源时这一点十分重要。

(四) 加大对网络信息资源加工的力度

网络信息资源的快速整合加工应成为一种长效的工作机制,尤其是在面对信誉度较高的网络信息机构,如高校和政府部门,因其所提供的网络信息资源一般有标准化和规范化程度较高的二次信息产品,这就为我们及时进行网络信息资源的整合加工提供了十分有利的条件。此外,即使我们面对无法获得二次信息产品的网络信息资源时,也要充分利用我们自己的信息处理软件对其进行快速整合加工。当前,许多图书馆在对网络信息资源进行整合与深加工方面做得显然还不够,无法满足日益发展变化的信息用户需求。因此,必须加强对网络信息资源进行深层次挖掘的力度,为开展网络信息资源深层次的服务做好准备工作。同时,网络信息资源的深加工也应注意规范化和标准化的原则。

(五) 建立流畅的信息沟通机制

信息沟通是网络信息资源采集过程中各个工作环节之间进行信息交流,实现协调互动的一种手段。在图书馆网络信息资源采集的过程中,每一个工作环节的运行状况都将直接或间接地对其他工序产生影响,从而影响到图书馆整个网络信息资源的采集情况。因此,必须建立顺畅有效的信息沟通机制,使图书馆网络信息资源采集的整个流程处于可控制状态。

(六) 制定严格的管理制度

网络信息资源有着众多区别于传统信息资源的新特点,网络信息资源的采集从检索发现到跟踪研究,再到评估获取,直到整合加工及提供服务都有着全新的运行规律,各工序之间的联系也更加紧密。因此,必须为图书馆网络信息资源的采集制定严格的管理制度。一方面,不仅能够实现标准化、规范化作业,提高工作效率;另一方面,还能积极减少人为主观因素的干扰,更为重要的一点是有一套严格完善的科学管理制度,能够在制度上确保图书馆网络信息资源采集工作的持续有效开展。

制定严格的管理制度,对网络信息资源采集的全过程进行科学有效的管理与监督,主要体现在以下三个方面:第一,可实现对网络信息资源采集的标准化、规范化管理。网络信息资源是图书馆信息采集的对象,它的一些属性反映了当前网络信息资源跟踪研究的内容与方向。另外一些则表明了当前网络信息资源在采集、备份、整合、加工、服务等环节所处的状态。对网络信息资源的采集工作进行严格的管理监督,不仅能使网络信息资源的跟踪研究工作更有针对性和连续性,而且能极大地提高工作效率,减少重复浪费。第二,实现全过程的任务管理与监督，将图书馆网络信息资源采集的全过程纳入监管之中，可对具体的任务实施进行科学合理的安排，既能减少盲目性，又能实现全过程的任务处理，让各工序之间的衔接更加合理有效。第三，可实现工作人员的监管，将人员与任务分别实施管理，可使任务的分配与人员的安排更加具有灵活性。

第四章 图书馆信息管理及服务评价与体系构建

第一节 图书馆服务管理系统的理论技术

一、图书馆信息服务管理的指导模式：忠诚管理

信息和网络技术的出现和发展，极大地促进了信息服务业的繁荣，各组织之间的竞争也日趋激烈。这种竞争不再局限于信息产品本身，而是更多地趋于附加价值和潜在价值的需求竞争，在竞争中更多地体现了人的作用和价值。

管理模式的发展，总体上可分为两个阶段：前期主要关注生产性因素，偏向于以利润、质量、技术作为企业管理的核心；后期则将管理焦点转至人，更多的是探求服务、人才、与企业发展的。显然，前者忽视了对利润、质量、技术起决定性作用的人的因素，具有明显的短视行为，而忠诚管理的理念模式，是在前者生产要素的基础上整合了人本因素的观点发展而成的。忠诚管理是对组织、员工、顾客三者及其相互关系的良好调控和管理，其中心是调控顾客需求和顾客感受，围绕这一中心，通过制定一系列富有感召力的原则和策略，形成组织特有的文化，促使员工和顾客的忠诚。员工在感受被尊重和自我价值实现的同时，也带来了顾客的忠诚，反过来，顾客的忠诚，促使员工更努力回报和忠实于组织。

而员工和顾客的忠诚促使组织获得更多的利益，从而可以对员工、顾客投入更多的人文关怀，这样便形成一个良性循环。

忠诚管理虽源于企业管理，但图书馆信息服务管理与它有着许多共同点：一是二者都是以追求自身价值的实现为目标；二是都是有投入和产出；三是都有服务对象且视为自己的中心；四是都有基础设施。图书馆信息服务的需求动力原理、信息选择原理，要求图书馆把用户需求作为图书馆信息服务管理和工作的中心驱动力，注重对图书馆信息用户深入细致的、全方位、多层次的需求研究，以赢得用户的忠诚，实现图书馆信息服务的最大经

济和社会价值。忠诚管理的理念正是以顾客为中心，以顾客需求为导向的一种管理模式。

所说的忠诚管理，并不仅仅是面向个人和团体的忠诚，更重要的是忠于某个企业据以长期服务于所有成员的各项原则。为此，图书馆信息服务管理应从整体和系统的角度出发，研究具有战略性的图书馆组织文化和图书馆组织制度、原则，不能把图书馆信息服务管理看作仅仅是对几个相关的信息服务部门的工作与管理。首先，图书馆从上到下逐步建设自己的组织文化，以体现图书馆信息服务的价值主张和理念。这个价值主张即是图书馆为用户提供最优异的服务和价值，满足用户的需求。价值主张是图书馆生存的灵魂，它将指引图书馆信息服务在日益激烈的信息服务业中独占鳌头。在图书馆价值主张的指导下，研究用户的需求，分析用户的类型，针对不同用户制定具有个性化的信息服务策略，打造图书馆信息服务的品牌，满足用户的需求，并通过忠诚用户的效应发展潜在用户。吸纳合格的图书馆信息服务人员，努力营造图书馆信息服务组织价值与利益同图书馆员工个体利益与价值的和谐发展的氛围和环境，同时采取各种积极策略留住适合图书馆发展且具有高素质的员工，让员工忠诚于图书馆。通过图书馆员工高质量的服务，既体现了员工价值又促进了用户的忠诚；而用户的忠诚又激励员工忘我工作，从而促进图书馆信息服务效益的最大和最优化。员工忠诚与图书馆信息服务用户的忠诚相辅相成，相互强化。这样的良性发展，促使社会和投资者更多地关注图书馆的发展，给予图书馆更多的支持和更广阔的发展平台。而且，这种忠诚管理会引发一系列经济效益。诸如：可以导致图书馆信息服务工作量增加，直接或间接地给图书馆带来社会和经济效益；吸引和增加潜在用户，用户之间的口碑相传，无形中既减少了图书馆信息服务宣传的费用，又增加了图书馆信息服务的价值；不断提升图书馆员工的整体综合素质，用户需求是动态发展的，要求图书馆信息服务工作人员不断地学习，以增强自己适应组织和用户需求不断发展的能力。这些综合发展的结果就是图书馆信息服务整体形象的树立，而图书馆信息服务整体形象的提高会促进其社会地位的提升，这样可以带来更丰厚的效益。因此，图书馆信息服务管理的主导思想是以用户及其需求为导向，以忠诚管理为指导原则的管理模式。

二、图书馆信息服务管理的支撑平台：知识管理

图书馆信息服务管理与知识管理有着天然、密切的关联，图书馆的形成和发展本身就是知识形成与发展的结果。尤其是信息技术、网络技术及新经济的出现，使图书馆信息服务与知识的联系更淋漓尽致地凸显出来。

在新经济环境的推动下，图书馆信息服务趋于知识化服务，图书馆信息服务知识化要求图书馆信息服务是面向用户的服务，要贯穿用户解决问题的全过程，是面向知识增值的服务。图书馆信息服务的知识性、动态性、人文性、服务性、增值性等特征正顺应了知识

管理的诸多理念和思维。图书馆信息服务的新特点新趋势必然要求图书馆信息服务管理进行知识化变革——这样,知识管理很自然地成为图书馆信息服务管理的支撑平台。

知识管理对图书馆信息服务管理起着支撑的基础作用,而学习型图书馆又是知识管理的平台和关键环节,知识管理和学习型图书馆会增强图书馆信息服务的核心竞争力。

三、图书馆信息服务管理的人文策略:关系管理

图书馆信息服务管理的内外环境发生了前所未有的变化,图书馆信息服务成为信息服务业中不可或缺的一部分,市场服务导向和顾客导向成为图书馆信息服务的新理念,这必然使图书馆信息服务管理注重人性化管理,注重内部营销和外部营销的管理以及各种关系之间的互动管理。可以说,这种关系营销管理成为图书馆信息服务取得社会效益和经济效益的关键。图书馆信息服务的关系管理包含三方面,即图书馆信息服务组织与员工的内部关系管理、图书馆信息服务组织与用户在内的各相关利益者的外部关系管理以及组织、员工和用户三者之间的互动关系管理。图书馆通过实施以人为本的内部营销,即在图书馆内部以员工为中心,围绕激发和调动员工的积极性、主动性和创造性问题展开的以实现员工与图书馆共同发展为目的的一系列活动,来赢得图书馆所有信息服务人员的忠诚。内部营销管理的开展,强调员工的参与,体现一种尊重与理解员工、关心与依靠员工、发展和服务员工的员工满意理念。需要指出的是内部营销特别强调态度营销和沟通营销的重要性,这两种柔性管理方式更有利于提高员工的满意度和忠诚度。内部营销有利于图书馆服务文化的培育和完善,以保证图书馆信息服务系统用户服务意识的发展;有利于图书馆沟通体系的建立和完善,及时调整图书馆的服务策略;有利于图书馆系统管理战略的实施,创造员工忠诚、创造人才、创造业务、创造效益。再看外部营销,它是指对图书馆与供销商、网络运营商、用户等相关利益者之间的关系进行调控与管理。图书馆信息服务是以用户满意为出发点,识别、建立、维护和巩固图书馆与用户及其他利益相关主体的关系的活动。它的关键在于不仅争取用户和创造交易是重要的,维护和巩固关系更为重要。图书馆通过与外部的沟通,吸引用户的同时,正确引导用户的需求,让用户在"真实瞬间"的服务中得到满足与惊喜从而获得图书馆与用户或其他利益主体的双赢效益,这对图书馆信息服务管理效益是至关重要的。而互动营销存在于图书馆信息服务管理过程的每一个环节,包括图书馆组织与员工的互动、员工之间的互动、员工与用户之间的互动。通过互动营销,向员工适当授权,不仅可以提高图书馆内部的沟通能力和互相学习的能力,增强员工的综合素质和服务水平,还可以更多地了解员工的需求,进行适时针对性的管理,留住高素质的人员;同时也可以更多地了解用户的需求及变化,有效激励用户参与,适时适度引导用户需求以便提供更优质、更个性化的服务。

良好的内部营销必然强化外部营销,同时,外部营销对内部营销也会产生良好影响。外部营销是企业获得顾客的相关信息的主要途径,以便更好地进行内部营销。而互动关系营销是内部、外部营销管理不可或缺的前提和条件。

图书馆信息服务管理的内部营销、外部营销、互动营销管理是相互作用、协调统一的关系,三方面共同构成图书馆信息服务管理的关系管理理论基础,三者共同影响和促使图书馆信息服务利润链形成一个良性循环的发展态势,从而促进图书馆信息服务及其管理工作的良性发展。

四、图书馆信息服务管理的技术手段:全面质量管理

在服务营销学的发展过程中,服务质量是最为重要和研究最集中的领域和主题,而且这种研究还会继续深入和发展下去。同样,服务质量在图书馆信息服务管理领域中的地位和作用同等重要。从服务理论的角度来理解,服务质量在本质上是一种感知,它由顾客的服务期望与实际服务的经历比较决定。服务质量的高低是由顾客感知的,也是由顾客最终评判的。显然,个体差异会影响对服务质量的感知,从实际服务质量到顾客感知的服务质量是一个顾客按照自己的方式对服务信息多次选择、加工、理解和感受的过程,包括顾客注意、编排、解释、判断服务信息从而形成顾客感受到的服务质量。

实质上,图书馆信息服务用户获得服务的过程同样是感知的服务过程,也会受到用户不同程度的影响。为此,图书馆信息服务质量的管理应从用户的角度出发,进行组织内外的服务质量调控。而全面质量管理正是一个以了解顾客需要,提高顾客服务质量和满意度为中心的系统过程。这与图书馆信息服务质量的目标、宗旨在本质上是一致的。图书馆信息服务质量的目标、宗旨就是提供最优、最高的服务以满足图书馆信息用户的需求。

全面质量管理符合图书馆信息服务管理的本质特性,是图书馆进行信息服务管理的有力工具和技术手段。

第二节 图书馆数字化服务体系的构建

一、构建现代图书馆数字化服务体系

(一)数字资源的阅览与检索

数字资源阅览与检索主要包括对馆内电子书刊、光盘、互联网相关信息及数据库等的

需求与满足状况。

(二) 视频点播服务

视频点播服务，毋庸置疑，即客户如何对馆内视频资源进行点播并获得的服务形式。现代化数字图书馆依托网络技术，将传统图书馆中的音频、视频文献资料等以电脑数字化的形式进行储存，用户可以根据自己的需求，通过馆内网络进行点播以获取相应的资源。此外，随着信息化技术的不断进步，目前很多图书馆已经开始推出数字卫星电视转播内容，在更大范围内方便了用户的需求。

(三) 虚拟化的网络信息服务

虚拟化的网络信息服务主要包括参考咨询、资源提供、读者培训、个性服务等内容。

1. 数字化参考咨询服务

数字化参考咨询服务主要是针对用户的某种疑问需要做出相应的解答为基本目的的服务形式，参考咨询服务在传统图书馆管理所应用的 e-mail 咨询基础上，开发出新的在线咨询服务形式，以集成软件 DILAS 为基础，包括在线咨询服务、数字信息资源整合与检索、个性化服务等内容，在用户与咨询人员进行问题的提问与答疑的过程中，还需要将一些常见的问题整合起来，上传于咨询知识库中，以便日后用户的查询。此外，数字化图书馆还可以根据其服务的基本规则与服务质量标准等，建构适合数字化图书馆需求的咨询服务体系，并以实际业务需求为依据，开展联合咨询等，以促进咨询服务的发展。

2. 资源的有效提供

资源提供包括对信息资源的有效导航、电子文献与图书的借阅以及图书馆门户网站服务等几个方面的内容。网上信息资源的导航主要是结合用户实际需要与图书馆自身馆藏特点，分类出几大学科，比如金融、机电、语言、法律等，同时还应该包括学科内部及学科之间的外文文献资源的导航等；电子图书的借阅主要包括馆内人工借阅与网络借阅等服务形式；数字图书馆门户网站服务主要是将馆内相关资源整合为一个整体，通过数字图书馆的门户网站将信息快速地传达出去，给用户呈现出一个相对清晰、明了的信息检索平台。数字图书馆的门户网站一般包括馆藏查询、用户个人借阅信息服务等，用户只需输入自己所需要的文献名称或者著者名称，便可实现高级检索或者跨库检索，在短时间内获得自己所需要的信息，最大限度地提高数字化资源的利用率。

3. 个性化的服务

个性化的服务反映在现代图书馆数字化服务体系中，主要表现为"我的图书馆"功能，在"我的图书馆"中，一般包括用户个人借阅信息的查询（预约、续借、借阅书籍数量与归还日期等)、新书通报、个人信息以及注意事项等基本内容。而要真正实现个性化的服务,图书馆数字化服务还应该自动记录用户的借阅信息以掌握用户个人的兴趣与需求,有针对性地向用户推送相关的书目信息等,同时还需要提供网上搜索、读书笔记、电子文献的传递等功能,以满足用户的多样化需求。

(四)信息开发与用户的信息素养培训

信息开发服务更多是针对一些企业用户来开展,以信件、传真、e-mail、电话等方式为基本途径,涵盖咨询、检索、文献传递、定题服务等内容在内的服务形式。信息开发服务发展还需要不断结合社会热点问题提供相应的专题资源库,并为有相关需要的用户制定个性化的简报。同时,还需要以 E-mail 等形式定时向用户传递所需要的或者定制的信息。而用户的信息素养教育与培训则主要是图书馆与用户之间围绕数字化服务的特点、组织形式、服务内容等来开展的沟通与交流,突出电子资源的订购、电子资源的制作与使用等内容,以方便用户自己学习。同时,还可以举办相关的电子资源有效选择与利用培训课程,培养用户的信息搜索与利用能力。

二、现代图书馆数字化服务管理体系的实现

(一)培养数字化服务意识,增强数字化服务能力

随着信息技术的不断进步和多元化、个性化服务要求的出现,现代图书馆服务也变得日益重要和多元,因此图书馆数字化服务体系的构建也就成为现代图书馆快速发展的必然。近年来,世界级的图书馆开始不断提高自身的馆藏图书与资源量,不断开发新的文献传递服务、个性化服务、在线资源服务等,有些图书馆还启动并开发出新的、安全的电子信息传递系统,在保证文献质量的前提下,积极研究并推广图书馆门户网站,充分实现文献信息的共享,将越来越多的用户纳入自己的用户群之中。通过这些现代化的图书馆数字化服务现状可以发现,数字化服务作为图书馆未来发展的关键因素,其重要作用也突出地表现出来。因此,我国图书馆也应该积极引进先进技术,启动先进项目,促进现代图书馆数字化服务体系的早日成熟。同时,不断培养馆内工作人员的数字化服务意识,加强对馆内工作人员以及用户的相关培训,提升其数字化服务与理解能力。图书馆还需要重点启动有关数字图书馆的相关项目,将文献信息资源检索与传递、参考咨询、重点学科建设、用户门户导航等纳入数字化服务体系中来,重点强化电子文献的传递功能与资源的网上检索功能,真正实现现代图书馆的数字化服务。

（二）突出图书馆的公益性价值，推出免费服务内容

受现代化教育发展形势和发展理念的影响，传统的相对封闭的图书馆信息管理模式已经无法完全适应现代化图书馆的发展需要，因此需要不断取消数字化服务的收费项目，突出图书馆的公益价值，积极引进先进的数字化研发技术，建立数字化图书馆用户信息门户网站，降低图书馆管理与服务成本，从而为免费服务打下基础。在实现图书馆公益性价值的过程中，图书馆可以将网站的有效点击率、电子文献的下载与传递次数、咨询的数量、用户访问量等作为图书馆工作人员绩效考核的新标准，从根本上维护图书馆的现代化、数字化以及公益化发展状况。

（三）加大人员培训，推动数字化服务人才的新发展

现代图书馆数字化服务体系的构建势必依赖一批能够掌握信息化服务系统与操作技巧的人才，因此图书馆应不断加强对相关人员的技术培训，引进具备互联网知识和相关学科知识的综合型人才，并在馆内形成岗位轮换制度，重视调动工作人员的积极性，增强自我归属感。还需要根据工作人员工作状况进行适当的奖励，比如提供继续教育的机会、提高工资待遇等，真正将尊重人才的理念应用到图书馆的数字化服务体系中，以保证现代图书馆的数字化服务体系的真正形成。

第三节 图书馆知识服务体系的构建

一、知识资源要素

知识资源是知识服务体系的基础层，是人脑知识的物化存贮和反映，具有创新性、增值性、智力性、抽象性等特性。随着信息服务向知识服务的演化，知识资源也经历了"信息—知识—知识单元、知识元—知识基因—知识库、知识元库"的演化。其中，知识单元是从客观知识系统中抽取出来的，能代表并描述系统某一特性的基本单元或基本颗粒；知识元是从知识单元中按照某种规范抽取出来的数据、用来标引知识结构、提供知识检索。知识基因是知识进化的最小功能单元，具有稳定性、遗传与变异性，以及控制某一知识领域（学科、专业、研究方向）发育走向的能力；知识库又称知识仓库，是经过加工、组织的知识信息及关联构成的具有知识挖掘功能的数据库；知识元库是在知识元的描述、标引基础上，根据知识元之间的内容关联和逻辑关联，建立起来的一种反映各种知识内容之间的

内在网络化关联的数据库形式，它不断随着知识元的更新进行更新和扩展。

二、知识服务技术要素

提供知识服务的关键技术，即充分利用数据仓库、可视化检索技术、智能代理、搜索引擎、数据挖掘、知识发现、人工智能、知识网格、组件技术等现代化手段存贮知识、传播知识、挖掘知识，实现知识的充分共享，建立相互协作机制。总的来说，当前图书馆知识服务支撑技术主要有以下五类：知识资源采集技术、知识存储技术、知识导航技术（包括知识网格与知识地图描述技术）、知识推送技术、智能代理技术与知识反馈技术。

三、知识用户要素

知识用户，是指在科研、生产、管理、商业、贸易、军事、外交以及日常生活中需要知识和利用知识的个人或团体，是图书馆知识服务的对象，也是服务的接受者和评价者。

四、知识人才要素

知识人才是图书馆知识服务的实施者，既包括精通某一个或多个领域知识的学科馆员和知识馆员，也包括知识外脑和智囊团、知识服务团队。其中，知识馆员作为精通学科领域的学者型馆员，是知识服务的主力军；知识服务团队是图书馆学习型组织的构成，它分为技术服务、管理协调、学科服务、专题服务和用户研究五个分团体，团体间相互合作和支持，实现知识共享；知识外脑是图书馆知识人才库的有效补充，也是图书馆与时俱进的生力军，包括竞争情报从业人员、大学研究人员、企业业务和技术专家在内的知识领域问题解决和知识方案提供的各方面专家。

五、知识产品要素

知识产品是图书馆员在知识生产中劳动的凝结，也是知识服务的承载体。一般来说，图书馆向用户提供的蕴含创造性、知识性和增值性的服务和服务成果都可视为知识产品，如传统服务形式下的咨询报告、文献资料，数字时代的各种数据库、知识库、专家库和知识系统。其中，能对领域知识和具体问题解决提供方案、对策和智能推理的知识集合是今后知识产品的发展方向。

六、知识服务网络平台要素

知识服务网络平台是一个面向知识创新、提供知识服务及成果共享的分布式图书情报网络平台系统，能向跨地区、跨系统、跨部门、跨行业、跨学科的知识用户提供快捷有效的知识服务。该平台由分布异构统一检索平台、原文远程传送服务平台和电子商务管理平台等几部分组成。

七、知识服务制度要素

图书馆知识服务制度是图书馆有效开展知识服务的保障，主要包括服务提供和收费制度、用户反馈和监督制度、知识产品推送和保密制度、图书馆文化建设制度、知识人才激励制度等。

第四节 图书馆成人教育服务体系的构建

一、以人为本：现代图书馆对成人教育服务理念的基础

现代图书馆的管理者在对成人学员服务时应该具有一种"以人为本"的服务理念。"以人为本"的服务理念，是构建现代图书馆对成人教育服务体系的思想基础。

（一）树立成人教育关怀意识

成人教育在我国所有年龄段教育中占有不小的比重，成人教育所具有广泛性与自由性的特点，要求现代图书馆始终以"人文精神"来关怀这样一批坚持终身学习理念的人，其首要的工作是对成人学员接受教育的认同与鼓励，教育最终的目的是以人的受益为准则，"以人为本"就是要"把关心人，尊重人，培养人，调动人的积极性和创造性，促进人的发展作为组织工作的基本任务"。树立起对成人学员的关怀意识，是现代图书馆对成人教育服务体系建构的根本。它主要表现在：第一，关心成人学员的学历水平和层次，为他们提供与其学习能力相符的资料，有利于促进成人学员的学习信心；第二，对待成人学员热情友善，有助于加强他们终生学习的理念；第三，对所有成人学员平等如一，为他们营造一个公平自由的学习氛围。对成人学员的关怀意识不仅要求现代图书馆的管理者恪守职业道德，爱岗敬业，更需要本着一种人文关怀的理念去关心成人学员，建立平等交流的关系，提高成人学员接受知识的效率和质量。

（二）树立成人教育的责任意识

以教育为本位的思想，主要关注人的成长与社会文明的进步。"以人为本"的服务理念中包含了一种对人成长、对社会进步的责任感。成人教育是全民教育的一个重要的组成

部分，它关系着整个社会文明的进步与发展，关系着文化国力的提升，所以，现代图书馆对成人教育的服务意识，更带有一种强烈的责任感。要实践这种责任感，就需要：第一，本着对教育负责任的态度去帮助成人学员进步，尽己所能为成人学员的进步创造条件；第二，尊重成人学员的学习背景，为他们选择多样化的信息获取方式，保证成人学员们对知识的有效获取；第三，倾听成人学员的学习需求，制订合理的知识接受计划。树立对成人学员的责任感，是现代图书馆应有的服务意识，坚持"从人出发，对人负责"。

二、构建现代图书馆成人教育服务体系

（一）塑造良好的文化氛围是根本

图书馆是一个文化机构，塑造良好的文化氛围是图书馆兴盛的关键。技术正在改变着图书馆的工作方法与服务流程，但是图书馆的文化理念与传统不能被改变。培育良好的图书馆文化，树立正确的价值体系，将成为图书馆可持续发展的关键。良好氛围可以通过理念识别系统、行为识别系统和视觉识别系统来实现，所谓理念识别系统，指明确图书馆的价值观、精神理念以及社会职能、服务宗旨与发展目标，使之成为全馆员工的共同愿景、共同信念与共同目标；所谓行为识别系统，指通过对所有图书馆行为、员工行为实行系统化、标准化、规范化的管理，从而将共同的理念，贯穿于图书馆活动的具体过程、组织制度和机制系统中，渗透岗位设置、人员配置、教育培训、福利制度以及读者工作、研究发展、公共关系等一切活动中，它是理念识别系统的具体实施；所谓视觉识别系统，是指借助多种形态的传播形式，有组织、有计划地将精神理念传达给成人学员，并让成人学员识别、认知、认同的过程。

（二）加强信息技术建设是关键

现代信息技术的发展使图书馆从传统图书馆向数字图书馆转变，图书馆的发展已与信息技术的进步紧密相关。现代信息技术主要包括计算机技术、网络技术、通信技术、存储技术、数据库技术、多媒体技术和数字化处理技术等，具有传递性、共享性和可处理性等特征。图书馆工作的实质，就是转换文献信息，实现文献的使用价值和部分价值。文献信息是以文献为载体的人类思想信息，但文献信息又不全是内容信息，它还包括形式信息（文献的载体形态信息）。图书馆工作的任务，就是充分揭示文献的形式信息和内容信息，从而使文献的内容信息得以传播。信息技术在图书馆的应用已使图书馆实现图书馆管理的计算机化、文献信息资源的数字化和网络信息资源的共享和发现。现代信息技术已经成为数字图书馆建设的技术基础，信息技术的每一步发展都推动了图书馆的建设和发展。因

此，加强信息技术建设是提升图书馆各项功能发展的关键。图书馆信息技术的建设既包括基础设施的建设，如机房、计算机、网络、存储、数字化等设备的建设，也包括图书馆自动化系统、办公系统、公共检索系统、网上服务系统和各种信息资源的建设等。在新的信息环境中，图书馆充分利用信息技术带来的机遇去发展自身优势资源，提升各项服务功能，并以信息技术为支撑推动图书馆信息化建设。

（三）加强成人学员与图书馆的密切程度是基础

前面我们讨论了图书馆的很多功能，突出论述了图书馆为读者服务的功能，然而，今天的读者，包括最熟悉图书馆的高等学校师生，与图书馆的关系密切吗？有媒体调查发现，有意于继续教育的社会成员甚至是高校学生对于空间资源的利用，有时超过对知识、信息资源的利用。很多大学生四年学习当中并没有使用多少电子资源，只有临近毕业，需要做论文、调查报告和实验时才想到图书馆的电子资源。在网络环境中成长起来的大学生，对于图书馆的数字资源有时显得不太在意。许多成人习惯从网络上获取所需资源而不知道如何使用现代图书馆查询科学精确的资料，而不加甄别地接受网络的错误信息，导致所接受的知识大打折扣。如果这个报道有代表性的话，那么，离开读者群的图书馆，无论环境再有书香味、设备再完备、信息技术水平再高，其功能都无法发挥。因此，加强图书馆与读者间的密切程度，是现代图书馆建设中不可缺少的一个环节。这首先是一种社会现象，社会上读书的氛围浓度值得探讨，而图书馆自身建设也要把联系读者、密切与读者的关系作为一项重要指标。图书馆可以向社会做主动积极的宣传，加强信息资源的建设；加强图书馆的资源利用培训，提高读者的求知欲和阅读能力；通过报告会、展览会、文化墙等活动，以及人文的环境设置，向读者介绍新书、新信息、新资源动态等，来吸引更多的读者；建立与读者的联系，及时推介图书馆的信息与资源，等等。所有这些，都是为了图书馆扩大读者群，为图书馆功能发挥奠定基础。

（四）协力提升咨询能力是有效途径

现代图书馆在探讨新媒介如何提升咨询能力，也就是说，我们的成人学员有不少问题需要从图书馆找答案，于是以图书馆馆长为首的图书馆微博承担了解答读者问题的咨询工作。图书馆员的微博在开展图书馆参考咨询服务、加强图书馆与读者之间的交流等方面也发挥了突出的作用。因此，对每个图书馆来说，都应该是在馆长的牵头下，发动图书馆内的各种力量，全馆协力才能提升咨询能力，才能为广大成人学员提供一个咨询问题通达的管道，并在这个过程中不断改进图书馆的服务功能，转变现代图书馆对成人教育服务的方式，对现代化的成人教育做到有的放矢。

第五节　图书馆信息服务水平的评价方法与绩效评估

一、现代图书馆信息服务水平的评价方法

（一）定性评价

1. 图书馆信息服务理念评价

办馆要办出水平，有时代感，就要不断地吸取新的观念，提高自我发展的理念。评价也应当从这一角度拿出一系列指标来，促进理念提高。

2. 图书馆信息服务开放性评价

图书馆从"藏"到"用"；从"个别"到"整体"；从"手工"到"上网"这样一个变迁过程，我们应当看到，是否走开放性办馆道路已成为成功与否的一个标志。开放性是指馆与馆之间、馆与社会之间合作与交流的程度如何。如：由文献资源共享引申出来的共建话题；资源缺乏引出了高校图书馆开门办馆，利用文献资源为地方经济服务的问题；条块管理引发出了地区性的战略伙伴合作问题等。

（二）定量评价

1. 经济评价

经济评价的方式主要是看投入与产出比。我们做什么事都要有一个成本核算概念，都有一个值不值得去做的问题。经济评价正是从这方面着手，评价要求对投入与产出，效率与效益进行科学核算。空间利用率，书刊利用率，人均借阅量，技术附加值等都可以作为指标进行评价。

2. 对图书馆信息服务的技术层评价

图书馆的技术水平目前多数表现在两方面：一是文献购置与加工的处理上，选购文献的方案水平，文献整理的规范化程度；二是现代技术服务的水平。前者的评价可以通过一系列标准来进行，后者的评价就比较复杂。技术评价可以检查出图书馆价值的一项指标，所以，显得十分重要。图书馆整体的技术含量越高，越能说明办馆的水平高，价值大。现在，更多的技术评价要体现在计算机管理的水平上，其核心又在网络和软件成熟程度上。

3. 服务评价

这种评价应当主要来自服务对象的心目中，通过问卷，电话，随机采访，座谈会等方

式进行。服务评价的内容主要指：服务的功能性，服的层次性，服务的及时性，服务的周全性，服务的技巧与艺术性等。服务也有规范，也讲究快速、便捷和有效性。服务的表面性管理还比较好检查，但内在的质量检查就不那么容易。所以，要研究出一套具体的二、三级指标来。

二、图书馆信息服务绩效评估

（一）绩效评估和图书馆信息服务绩效评估

1. 新型绩效评估管理方法——平衡记分法

随着信息技术、网络经济的出现及全球化知识经济竞争环境的发展，企业的核心价值以及企业的竞争优势不再完全反映在传统的有形资产上，企业的发展前景、人力资本、组织文化、信息技术、内部运作服务过程管理、顾客关系等无形资产的管理成为创造企业长期价值的关键角色。与之对应，传统的、以单一的财务指标为主要内容的绩效评估体系日益暴露出其不足之处，比如，财务评价指标反映的是企业过去的经营成果，不能反映企业现在和未来的业绩水平，具有滞后性；不能全面衡量企业的经营状况和管理者的业绩，有些活动不能用数据衡量，具有片面性等。这导致企业的短视行为，侵蚀企业的创造力，丧失顾客等不利于企业在新环境下协调、持续发展的情况出现。为此，业界和学界专家纷纷进行探索和研究，以发现适合新形式的绩效评估管理方法。20世纪90年代，美国罗伯特·卡普兰（Kaplan）和大卫·诺顿（Norton）提出了一种全新的方法平衡记分法（Balanced Scorecard, BSC）。平衡记分法是一种基于战略的有效的综合绩效评估系统，它帮助组织把战略目标转化为一套相关的绩效指标，按组织结构从组织财务、顾客、内部业务过程、学习与成长四个维度层层分解地进行评价，再实现对企业的综合测评，并且定期及时地进行反馈，适时适当地调整组织的战略目标。而且，这四个方面的测评不是孤立的，也不是对各个方面测评结果的简单相加，这四个方面是相互联系的，如同树根、树干、树叶和果实一样具有因果关系，学习与成长因素是组织生长的养料来源根部，它的发达会促进作为枝干的内部业务过程的繁盛，而枝繁必定叶茂，进而又促进顾客满意，最终在财务方面显示出整个系统良好的发展态势。因此，平衡记分法是一种综合了各关键因素，协调了长期和短期目标，平衡了财务和非财务指标，满足了内外多方需要的集战略管理控制和战略管理绩效评估于一体的管理系统。

平衡记分法的绩效评估管理适应了知识经济的需要，一经形成便引起许多企业的关注和运用，并带来了相当的凡响；同时，引起了一些非营利组织的共鸣，纷纷响应和引入。已有专家指出："目前国际上流行的平衡记分法是衡量非营利组织管理绩效的一种全面而有效的方法。对非营利组织的存在、发展与战略规划有重要作用。"随着社会信息化和信息社会化的日益发展，非营利性组织引进竞争机制和市场意识是必然的，是有益于组织发展的，因此，注重绩效成为任何组织存在和发展的关键。

2. 图书馆信息服务绩效评估

图书馆信息服务同样离不开投入与产出，从大的经济环境和本身效益与效率的角度出发，图书馆信息服务面临着多元主体的竞争趋势，因此，图书馆信息服务组织应从图书馆信息服务的特点着眼，努力开发服务产品，运用先进的管理理念和方法做好成本管理，有效地控制图书馆信息服务各个环节的绩效，及时发现问题，及时调整战略或目标，形成图书馆信息服务组织以评估促绩效，二者之间的良性互动能够促进图书馆信息服务质量的持续提高。图书馆信息服务绩效评估就是利用系统原理和方法，评定与测量图书馆信息服务人员在服务中的工作行为及工作效果。图书馆信息服务绩效评估旨在提高服务人员的服务意识，增强服务人员的综合素质，以及内部外部各种关系的协调，以管理者的垂范作用带动服务人员的满意，进而提高整体服务质量和发展后劲，满意用户，留住用户。由于历史和经济大环境的阻碍，长期以来，图书馆信息服务系统虽然比较重视绩效评估，但图书馆信息服务系统的评估缺乏定量分析和人本因素，使得绩效评估流于形式或避而不谈，没有真正形成激励先进、鞭挞后进与积极向上、团结协作的组织机制和学习氛围以及限制了组织的持续发展。而平衡记分法的出现给图书馆绩效评估的实施带来了切实可行的方法。

具体来讲，图书馆信息服务绩效评估可以从图书馆信息服务系统的财务、用户、内部业务过程、学习与成长四个方面全面、综合地反映图书馆信息服务系统的绩效。财务方面所考察的是图书馆信息服务价值的提高与服务成本的降低两方面。图书馆信息服务的对内服务和对外服务中，每部门、每单位、每环节所产生的附加价值和所消耗的资源成本，都可以作为图书馆信息服务系统的重要财务指标。包括诸如图书馆信息获取、整理、组织、保管、维护等的管理成本以及信息产品和提供的信息服务的附加价值等指标。除此之外，由于图书馆信息服务的特殊性，还要考虑到尽可能地对图书馆信息服务所创造的间接经济效益进行财务指标的量化；同时也要考虑图书馆信息服务所产生的社会效益。尽管图书馆信息服务属于知识服务，具有隐性的特点，不易量化。就像有专家指出的一样，评估知识不是计算其价值，不可能建一个像财务账目一样的知识账目，应集中于组织追求和达到知识目标的过程评估，确定知识服务是否实现了组织的知识目标。因此，对于图书馆信息服务系统的财务绩效评估能够做到即时发现和调整不合理、不经济的方面足矣。

对用户方面的绩效评估，图书馆信息服务系统可以从用户满意度、用户增加率、用户流失率、用户反馈情况等方面进行考察。当前，在日益竞争的环境下，用户忠诚度对一个组织的生存与发展至关重要。在强调成本效益的同时一定要兼顾服务质量的提高，否则，会导致用户的不满，甚至流失。有关用户满意与服务质量的关系前面已有论述，这种以牺牲服务质量换来的暂时经济效益的短期行为弊大于利，是不可取的。一旦用户流失，图书馆信息服务的价值及图书馆信息服务系统存在的价值将无从体现，图书馆信息服务系统持续生存与发展的可能不复存在。

（二）图书馆信息服务绩效评估过程

在新形势下，为使图书馆信息服务管理水平和服务质量不断提高，图书馆信息服务组织要进行相应的改进和完善，以促进图书馆信息服务及其管理取得突破性进展。平衡记分法在图书馆信息服务系统的引进，无疑将促进图书馆信息服务及其管理向纵深发展。

如果把图书馆信息服务绩效评估体系流程化，服务绩效评估过程，应包含以下内容和步骤。第一，作为一个完整的图书馆信息服制定图书馆信息服务组织战略。组织战略是组织发展的目标，绩效评估中各个环节的执行目的都是实现组织的战略目标。图书馆信息服务系统依据组织的远景目标和价值设定、组织的使命从而制定组织的战略目标，并确定实现战略目标的关键成功因素。战略目标和关键成功因素为图书馆信息服务组织的关键绩效评估指标和目标的制定提供了方向和基础。第二，制定关键绩效评估指标和目标。这是整个绩效评估的起点和基础。关键绩效评估指标是组织内各项战略目标的可量化目标，是图书馆信息服务绩效评估体系中具体直观的方法。关键绩效评估指标的制定要注意两点：第一点是要注意每一个关键指标应反映短期和长期目标的结合；第二点注意各关键指标的制定应体现层次性，即首先是组织整体绩效评估的指标，再自上而下地分解为各个层级的指标而形成功能层级和流程层级的指标。从而体现各个环节的紧密联系和每一位员工应承担的职责和义务，确保组织整体战略的实现。需要注意的是对关键绩效评估指标是动态发展的，要依据图书馆信息服务的发展适时进行调整和完善。第三，制定和执行绩效评估计划。图书馆信息服务系统依据各层级关键绩效评估指标制定相应的绩效计划。按照各关键绩效指标层层分解为各职能部门的职责与任务，为各层级提供具体的行动计划，是每一个绩效目标的阶段性分解，同时要注意各层级目标的一致性。图书馆信息服务绩效计划一经通过，各工作环节应按计划运作和执行，并接受绩效评估体系的监督。第四，监控和评价。这是根据计划对图书馆信息服务中各职能部门和各环节的实际表现进行考核和衡量。便于随时掌握情况，及时发现问题，及时解决问题。同时，在制定相应的指标和计划时，要注意各绩效目标在某一部门和单位的具体权重的设计标准。权重的选择，是组织管理者把握整体利益、鼓励部门和员工正确行动的重要手段。第五，适时适当地奖励与指导。根据绩效评估体系的反馈信息，奖励先进与突出贡献者，处罚绩效低的人员。当然这只是激励部门与员工努力工作以期完成组织战略的一种手段，不是目的。因此，适时适度的指导是必要的。指导环节是绩效评估的关键一步，是对出现的问题进行及时调整和纠正，以达到组织整体进步，也是平衡记分法人文精神的表现。五个步骤相互联系，共同形成图书馆信息服务系统绩效评估的一个连续、良好的循环。

第六节 图书馆服务创新评价体系与质量评价体系的构建

一、图书馆服务创新评价体系的构建

（一）构建图书馆服务创新评价体系的意义

每项服务创新的背后都有图书馆的考察、设计、部署等一系列准备工作，有大量的人力和财力投入，这些服务是否引起了读者的关注，是否在解决读者信息需求方面有所改善呢？同时，图书馆是否通过服务创新提高了服务质量和水平，扩大了社会影响？对这些问题的研究需要依靠评价来完成，构建评价体系是服务创新研究的基础。

1. 更加贴近读者用户需求

图书馆服务创新的目标是为读者用户提供能被认同和接受的创新服务，为他们创造更好的信息获取环境。常有这样的案例，一项新服务被图书馆描绘成具有美好的前景，然而在实践中未能得到读者用户的响应和认可，因而被冷落，以致最终被淘汰。这种失败源于服务创新的设计不是以读者用户真正的信息需求为导向。基于用户感知的服务创新评价体系的构建则是服务创新本质的回归。

2. 更好地测度服务效益

服务活动特有的无形性属性和图书馆特有的公益性属性共同决定了图书馆服务创新的产出成果难以度量，在制造业和其他服务行业使用的测度生产率、测度营业利润等传统指标和方法，难以运用于图书馆服务创新活动中，导致其无法定量描述。构建服务创新评价体系是将读者用户对新服务项目的满意程度赋以分值，通过统计测评结果来测度创新服务的效益，以此评价创新服务的价值和作用。

3. 有利于新一轮服务创新的开展

创新是一个不断完善的过程，在开始阶段，其设计不一定完全符合客观实际，经过评估、修正和改进，项目得以顺利实施。同时，创新又是一个永无止境的发展过程，社会环境不断变化，一项创新服务经过一段时间会变得陈旧过时，更新的服务又将出现。评价活动是完善和推动创新的工具和手段，通过评价测度和完善服务，也能判断服务是否受到读

者的欢迎，当服务失去受众之时就是新一轮创新开始之时。

（二）图书馆服务创新评价体系的构建

1. 图书馆服务创新评价体系的构建基础

LibQUAL+TM 是美国图书馆界利用 SERVQUAL 基本原理，结合图书馆实际情况而开展的比较成功的图书馆信息服务评价项目。它开展用户调查，通过服务对象的感知检验服务成效，这种评价思想得到了我国图书馆界的认同。因此，图书馆信息服务评价的模式也是服务创新评价的基础，服务创新评价可以借鉴 LibQUAL+TM 项目的调查式和评价方法来开展。同时，吸收与整合制造业和服务业的创新评价经验，形成适合图书馆创新服务特点的评价体系。

2. 图书馆服务创新评价体系的特点

（1）差异性

图书馆服务创新评价体系是以单一的创新服务项目为评价对象，围绕某一新兴服务而开展，专门评测其服务质量、效果和价值等。因此，它不同于以图书馆整体服务为评价对象的 LibQUAL+TM 等服务评价项目，它是随某一项创新服务实施开始，通过调查读者对新服务的感受，来评价创新的得失。这是图书馆服务创新评价体系的第一个特点。

（2）相关性

创新服务产生于图书馆服务中，带有图书馆日常工作的积累，还将继续在图书馆工作范围开展和实施，因此，图书馆服务创新评价体系既评价创新服务项目本身，也评价图书馆环境、设施及馆员等与创新服务的适应性。由此可见，图书馆服务创新评价包含在图书馆整体服务评价之中，是其组成部分之一。

3. 图书馆服务创新评价体系的构建原则

（1）用户感知原则

我国图书馆服务质量评价往往注重投入评价和过程评价，如：经费数量投入、阅览面积大小、读者到馆量、文献借阅量、下载量等。这种评价是从图书馆单方面统计出发，不能反映读者的真实感受，而创新服务评价借鉴 LibQUAL+TM 的评价原理，以读者对服务的感知感受为出发点，这样的调查评价更接近服务实质，是具有人文关怀的服务评价。

（2）定量原则

定量指标评价能够清晰明了地反映评价结果。影响服务创新质量的不确定因素很多，以往的评价通过访谈和对话等方式取得的定性指标，不能准确地说明服务在读者中的影响，而本书将调查内容依照读者感受赋以相应的分值，通过计算每项得分，对创新服务给予评判。

(3) 一致性和可比性原则

基于图书馆服务本质而设计的评价体系能够对同一类型或性质接近的创新服务进行评价，这是评价体系的一致性，采用相同的评价标准在不同的创新项目和不同的图书馆之间进行评价，能够对比分析，对创新开展情况给予客观公正的评价。

4. 图书馆服务创新评价体系的内容

图书馆服务创新是图书馆管理者经过思考设计、制定实施方案，并实际开展运行的服务活动，这些图书馆主观设想的服务思路和实际服务情况，只有通过读者用户在接受服务中的感知体验，才能对服务创新的效果和价值给出定论，对读者用户的感知、感受和服务效果等进行结构分解，形成评价系统的子体系，以此为基础形成图书馆服务创新评价指标体系。

5. 图书馆服务创新的评价方法

图书馆服务创新评价体系的评价方法可借鉴 LibQUAL+TM 的计分方法，要求读者用户对每个问题的回答，要根据自己对创新服务质量的感受打分，对最低的服务水平、理想的服务水平和感知的服务水平三者中的每一个选取相应的指标数值，数值范围为 1~9，1 为最低，9 为最高。将评价内容转化为与读者真实感受相对应的分值，以量化的数据清楚明了地评价图书馆提供的创新服务在读者用户实际利用中的效果和价值。

服务创新是图书馆事业发展的永恒课题，评价是服务创新的组成部分，有创新就应该有评价，评价为创新保驾护航，因此，图书馆管理工作中必须重视服务创新的评价研究。在文献调查和工作实践基础上，建立基于用户感知的图书馆服务创新评价指标体系，其目的是研究、探寻一套科学、适用的创新评价体系，以完善我国图书馆服务创新评价研究，提升我国图书馆服务创新的能力和水平。

二、图书馆服务质量评价体系的构建

（一）国内外研究现状

目前，国内外专门针对流通服务质量评价的研究较少，一般为整个图书馆的服务质量评价。国外关于图书馆服务质量评价的研究以 Lib Qual+模型最为典型，其思想和方法来源于用于商业服务质量评价的 Serv Qual 模型，是从用户角度进行服务评价的模型。其通过问卷调查，获得用户对服务的期望值、实际感受值和最低可容忍值，以值差反映服务水平。国内高校图书馆和学者主要是对 Lib Qual+模型进行了应用研究，但是，Lib Qual+模型强调"用户中心论"，测量的服务质量实际上是用户感知的质量，由于用户对图书馆行业发展和对服务了解的局限性，及对服务质量判断的主观随意性，完全用"用户感知到的质量"等同于"客观的服务质量"并不十分准确。

(二) 评价指标的选取

对于评价指标的选取，采用频度统计法、理论分析法初步设置指标，采用主成分分析法、极大不相关法对指标进行筛选、分类，然后采用专家咨询法调整指标。本书所指的频度统计法指对目前有关图书馆流通服务评价研究的报告、论文提出的指标进行频度统计，选择使用频度较高的指标。理论分析法指对流通服务的内涵、特征进行分析综合，选择那些重要的层面指标。主成分分析法实现了指标分类，并删除对评价贡献率较小的指标，极大不相关法通过计算同类指标的复相关系数，删除相关性比较大的指标。最后专家对指标的选取和分类进行了调整，如此设置的指标体系由 6 个核心指标和 24 个细分指标构成。

(三) 评价方法的确定

本书设置的评价指标中，行业指标和用户指标是两类完全不同的指标，其中行业指标数据根据图书馆实际情况计算获得，而用户指标数据则根据问卷调查获取读者的评价值，两类指标获取方法、计算方法、量纲完全不同。为减小指标属性带来的误差，本书不采取对所有指标统一分配权重的方法，而采取对行业指标和用户指标分别分配权重，分别计算两类指标得分的方法。

采用主成分分析法计算指标得分，进行流通服务质量评价。主成分分析法的主要原理是通过线性变换将原指标转化为另一组不相关的变量，这些新的变量按照方差递减的顺序排列，在线性变换中保持变量的总方差不变，使第一个变量具有最大的方差，称为第一主成分；第二变量的方差次大，并且和第一变量不相关，称为第二主成分。以此类推，n 个变量即有 n 个主成分。方差贡献率表明主成分代表原指标的信息量。当累计方差贡献率达 85%时，确定提取的主成分个数，即此时所提取的主成分可代表原指标 85%的信息量。最后根据提取的主成分计算分值。此方法的优点：一是得到的新的综合变量（主成分）之间彼此相互独立，从而从根本上解决了指标间的信息重叠问题，使得分析评价结果具有客观性和可确定性；二是确定的权重是基于数据分析而得到的指标之间的内在结构系，不受主观因素的影响。

第五章 图书馆参考咨询服务创新

第一节 参考咨询服务概述

图书馆参考咨询是图书馆管理员利用各种工具书、参考资料为用户提供利用知识、寻求知识等方面的帮助,这个过程主要是帮助用户解答疑难问题。图书馆参考咨询主要是通过协同检索、解答咨询等方式向用户提供相应的事实依据和文献检索线索,以便用户可以更加顺利地进行信息的查询。随着经济的发展,利用网络检索已经成为解答疑难问题的主要方式,这种方式速度快、效果好,这是一种适应社会发展要求的、新的咨询服务方法。

最近几年来随着经济的发展,图书馆已经开始开展全方位、立体化的用户咨询服务,这个服务将作为深化当前用户服务的一项重要措施。图书馆为了达成这项服务,进行了多种多样的积极尝试,并在尝试中取得了良好的成绩,这项成绩将为图书馆以后的发展做出突出的贡献。以国家图书馆为首,各个图书馆先后开设了用户咨询服务窗口,开始施行全员咨询服务,取得了良好的效果。从正面效应分析,全员咨询服务开展的优势是十分显著的,一方面开展全员咨询服务可以方便用户阅读;另一方面开展全员咨询阅读可以提高馆员队伍的素质,并为图书馆增加创收项目。

一、参考咨询服务的必要性

参考咨询服务不是在现今社会产生并发展的,在很早之前参考咨询服务就为人们所服务,但是随着经济的发展、时代的进步,传统的参考咨询服务显现了它的不足之处。传统的参考咨询服务一般由书目服务和解答疑难问题服务所组成,这个服务需要在馆员的指导帮助下才能进行。在传统的参考咨询服务中,参考咨询服务被认为是协助图书馆工作(图书馆情报工作、开发文献工作等)的重要手段。

随着信息时代的到来,信息技术正以迅猛的速度渗入人们生活的方方面面,并在很大程度上改变人们的生活方式。所以,图书馆在当今社会的使命已经不再是完成"线下"的知识传授,而是要探索如何将知识信息的组织与整理技术运用到网络上,并在网络上进行资源编目，把无序杂乱的网络空间变成有序的数字图书馆。这个项目的实现需要借助现代的信息技术手段，通过搜索、挖掘、筛选、分类、标引以及建立索引、动态链接等为用户提供服务。因此，现今的图书馆参考咨询服务不再局限于传统的服务形式，并且在原来的咨询内容、手工服务方式上都有所突破。

网络参考咨询服务是指在网络环境下，图书馆参考咨询服务人员针对用户提出的问题给予的个性化服务，这个服务要以现实图书馆收藏的各类信息为媒介，并借助现代信息技术、多媒体技术以及网络传输技术来实现。随着网络信息技术的不断发展以及知识的更迭速度不断加快，图书馆需要提高自己本身获取、处理、利用信息的能力，这已经成为增强核心竞争力的重要手段。随着时代的不断发展进步，网络开始覆盖社会上的各行各业，信息服务的领域在不断地拓宽，用户的需求也在不断地发生改变，这个时候图书馆就需要做好参考咨询服务的工作，以便在最大程度上为用户提供上乘的服务。

二、参考咨询的作用

（一）有利于社会用户增强信息意识和竞争意识，提高科技水平

参考咨询服务需要通过信息教育的方式转变用户的思想观念，并通过信息服务提高用户的专业知识、操作技能等，使得用户可以更好地了解信息、认识信息、利用信息以及整理信息。

（二）有利于各行各业实现职能转变，提高科学管理和经营水平

参考咨询服务有一个非常重要的服务就是科研情报服务，科技情报服务作为一种导向类服务，其本身是企业获取先进技术、开发核心产品的有效手段。各行各业有了它作为信息导向，将会很快适应市场行情的变化，并在政府宏观调控下以最短的时间、最少的成本去实现最大化的效益。

（三）有利于引进先进技术和设备，促进科技成果尽快转化为生产力

技术往往是企业决胜千里的关键所在，这是因为好的技术将会提高企业的产品质量和产品数量，将会影响企业生产产品的成本，将会提高企业的经济效益。所以，只有充分发挥科技情报的尖兵作用，才能促使企业积极引进先进的技术装备，才能为企业增添新鲜的血液，这个时候参考咨询服务才能真正起到科技成果转化为生产力的纽带作用。

三、图书馆参考咨询服务的措施与对策

（一）确定发展方向

参考咨询服务应立足于图书馆资源和网上资源现状，并将工作向社会化、网络化、数字化方向发展，同时需要将工作面向整个社会，在服务社会中实现参考咨询服务的价值。

（二）设置参考咨询服务部门，开展参考咨询服务工作

图书馆设置参考咨询服务是更好开展工作的标志和必备条件。参考咨询要想更好地服务广大用户，就需要将传统的咨询部门与以现代科技为手段的咨询部门融合起来，具体来说就是图书馆应该建立一个"以信息技术为手段的参考咨询服务中心"，统一协调全馆的参考咨询服务，帮助用户解决参考咨询服务过程中遇到的问题。在建立以信息技术为手段的参考咨询服务中心的时候，不仅要建立一个部门，还要将这个部门细化，如建立参考咨询服务窗口、建立导向性服务大厅等，同时需要指定人员协助用户查找馆藏资料数据。建立以信息技术为手段的参考咨询服务中心不是一蹴而就的事情，这件事需要循序渐进、由浅入深地开展，这样才能让用户和馆员更好地接受。由参考咨询服务中心主导开展的咨询活动，这个咨询需要覆盖各个专业深层次的客体咨询，同时需要将网上的各类资源囊括在内。与此同时，图书馆需要根据参考咨询部门的设置，配备具有一定专业知识和专业技能的检索工具，只有够专业，才能满足用户不断增长的需求。

（三）加强自身建设，完善服务体系

随着网络环境的不断完善与发展，全新的信息载体、需求理念、咨询内容、咨询要求也随之出现。在这样的大环境下，图书馆需要加强自身的功能建设，完善图书馆的基础设施和技术条件，提高全馆人员的综合素质，构建全新的参考咨询服务体系。

（四）提高图书馆参考咨询馆员的素质

一个合格的图书馆参考咨询服务馆员必须具备专业参考咨询服务能力，这个能力也可以说是参考咨询服务经验，包括网络检索的经验、良好的职业道德素质、勇于奉献、开拓创新的精神等，只有具备这些经验的参考咨询服务馆员才能为用户提供满意的参考咨询服务。

1. 转变观念

第一，图书馆自身需要转变观念。图书馆需要转变人才培养观念，将原来的以培养和

提高多人能力为中心转变为培养和提高全馆人员的整体素质上来。第二，参考咨询馆员自身需要转变观念。参考咨询馆员需要根据时代发展的要求掌握全新的理论知识和专业技能，只有这样才能与时俱进。同时，参考咨询馆员需要不断地鞭策自己，需要在实践中不断地总结经验，只有这样才能成功地实现角色的转化。

2. 采取有效措施，提高参考咨询馆员的整体素质

在开展参考咨询服务之前需要考察参考咨询馆员的整体素质，如果馆员的整体素质不能满足参考咨询服务的要求，就需要图书馆加强对人员的培训，通过培训使馆员具备一个合格参考咨询馆员的资质，如具备广博的知识、敏锐的信息掌控力和良好的职业道德素质。同时，图书馆需要加强参考咨询馆员的业务能力，鼓励在职馆员继续教育，通过继续教育更新馆员的已有知识结构体系，只有这样才能提高馆员的整体综合素质。

（五）强化合作交流

受信息资源、地域差异、语言类别、历史文化等的影响，很多图书馆无法满足用户日益增长的个性化需求，因此开展合作式的参考咨询服务势在必行。合作在现代汉语中的解释是人与人之间、群体与群体之间为达到共同的目的，彼此之间采取相互联合的方式，这是合作的实质。合作咨询的实质是馆内之间共享馆内资源以及馆内人员的才智，这样做可以扩大参考咨询服务的范围，同时可以提高参考咨询服务的质量，可以更好地满足不同人群对于参考咨询服务的需求。此外，图书馆可以依托网络资源构建形式多样的参考咨询服务中心，建立合适的图书馆网上咨询栏目。图书馆内各个部门需要充分发挥自身的优势，发挥全员的优势，加强基础分工，在合作中解决用户的各类问题，提高图书馆的办事效率。

四、参考咨询服务模式

（一）数字参考咨询模式

数字图书馆的研究在目前正处于白热化的时期，这个时候与之相关的各种问题越发凸显，基于网络的数字参考咨询服务随之应运而生，并随着技术的不断发展而不断进步。数字参考咨询也被业内学者称为虚拟参考咨询或网上咨询等，它的称谓有很多种，它的功能和实质却是不变的。数字参考咨询主要包括基于实时交互技术、基于电子邮件以及基于网络合作的数字参考咨询等，基于网络合作的数字参考咨询主要以前两者为依托，并在前两者基础上融合现代信息技术发展出来的。

数字参考咨询与传统参考咨询最大的不同就是它不在图书馆的物理环境中开展工作，

而是以每个用户所在的物理环境为中心；提供服务的也不再是一个图书馆的图书管理员，而可能是多个图书馆的多个图书管理员。它不再将一个用户作为一个图书馆的永恒用户，而是将用户作为联合图书馆的公共用户，这样用户可以在咨询的过程中获得个性化的服务。

我国目前开展数字参考咨询的图书馆都是以电子表单、留言簿以及 BS 公告栏等方式出现的。数字参考咨询标志着图书馆开始采用网络平台的方式开展自己的专业，这是传统参考咨询的延续和发展，是图书馆运用数字化技术开展的典型案例。然而，它只是一对一获取事实性咨询服务的一种方式，侧重答复读者的疑问，而不是指导利用。由于参考咨询过程受时间限制，不能长时间进行深入交流，因此大型课题的咨询就会难以开展下去。所以，要想将各类参考咨询活动顺利地开展下去，就需要与其他咨询方式结合起来进行，只有这样才能取得良好的效果。

（二）图书馆教育模式

综观图书馆的发展历史，人们会发现参考服务的兴起是美国公众教育的产物，但即使参考咨询服务产生了，人们也不知道如何使用它，所以就产生了如何使用它的问题。随着经济的发展、技术的进步，人们在图书馆教育模式创新上取得了很大的进步，如对大学新生进行图书馆的入馆教育，包括对新生开展文献信息检索教育、图书馆服务宣传推广教育以及教育学生如何使用图书馆的指南手册等，这只是对新生进行的理论教育，图书馆还需要对新生实施实践性教育，包括现场的操作演练、图书馆的实地模拟教育等。传统的图书馆教育模式只是让学生通过传统的培训获得基础的知识，很多图书馆的实践操作技能用户很难自己掌握，这也就使得用户无法充分运用图书馆进行信息的检索，而现代的图书馆教育是将原来的教育模式进行改革，并融入多媒体技术、数据库技能等新兴技术，通过将这些技术融入教育模式之中，使得教育更加的具体、形象。图书馆教育模式的最大特点是满足了相同需求的某一群体用户，如教师、学生、科研人员等，它将传统的教育模式进行改良后与虚拟的网络教育相结合，使越来越多的用户获得网上教育和网上咨询服务。

第二节　参考咨询服务内容

一、解答咨询服务

解答咨询服务是指对用户提出的一般性知识问题的解答，如对有关事实、数据问题的解答。在解答的过程中，解答咨询服务人员需要针对用户提出的问题进行资料的查阅，然后直接将答案回复给用户；或者引导用户使用某一类工具进行问题的检索，但是需要注意的是如果用户不会使用该类工具，解答咨询服务人员需要先为用户讲解该项工具的使用方法。解答咨询服务是参考咨询服务的最初模式，是参考咨询服务最基础的内容，其解答咨询的方式有很多种，如口头回答、电话回答、网上回答、表单回答等。对于一些比较常见的问题，图书馆会通过设置咨询台等服务方式来解决，这是一个非常常见且有效的解答方式，这个方式适用于口头回答。

（一）解答咨询的类型

1. 事实型咨询

事实型咨询是指读者针对某一个具体的知识进行提问，这个知识可能是某个人物、地点、中英文词汇、产品的成分等，甚至可能是某个产品的生产商、产品的性能以及产品的价值等，这些都是简单易回答的问题，可以说是事实类问题，针对这类问题可以让用户从相关工具书中直接获得。

2. 专题型咨询

如果用户在咨询的过程中涉及某一课题专业性知识的时候，馆员就需要指导他们如何查找专业性文献（中外文图书、报刊、专业册子）、如何使用专业性文献。

3. 导向型咨询

导向型咨询主要是指导读者查找和积累一些与专题有关的图书资料而进行的咨询。在此类咨询中，读者提问的重点不是具体的文献或文献内容，而是检索方法，咨询人员这时的作用是进行检索辅导。

以上三种咨询问题的回答分三个层次，口头咨询是参考咨询最基本的方式，是第一层次，读者和参考咨询员直接接触进行交流；第二层次的解答为一种书目咨询，是较深层次的咨询；第三层次是一种情报检索服务。

（二）解答咨询的范围

从用户咨询问题的内容来看，解答的范围大致分为以下几类：第一，介绍馆藏资源；第二，介绍图书馆的各项规章制度、行为规范及图书馆的整体布局结构；第三，提供文献资源利用指南；第四，提供常见的问题解答服务、在线辅导文献查询服务。咨询服务质量的高低，不仅与参考咨询人员的自身素质有关，还和图书馆自身的馆藏文献有关，只有这两者都提高了，才能为用户提供质量上乘的优质服务。所以，在用户需求的文献比较精深的时候，就需要参考咨询馆员深入挖掘文献背后所隐藏的知识信息，并将这些信息整理规划传输给相关用户，但不是所有的问题参考咨询馆员都可以解答。比如，我国台湾"中央图书馆"就曾就这个问题给出明确的回答，即参考咨询服务的第一项工作任务就是为用户提供咨询解答，但除了需要执行一般的参考咨询服务外，还需要对学位论文室、期刊室、善本书室、缩影资料室、汉学资料室等提供参考咨询服务。同时，参考咨询馆员不需要对学生作业、猜谜、翻译书信、鉴定古玩字画等进行服务指导。

二、书目参考服务

书目参考服务是指参考咨询服务馆员对用户提出的研究性问题进行指导，在指导的过程中参考咨询服务馆员需要提供相应的专题文献、索引等，以及提供用户查阅的各项文献资料，以解决用户咨询的问题。由于此项咨询服务不是直接为用户提供答案，只提供用户所需的相关资料以及解决相关问题的建议，所以被称为书目参考咨询服务，又被称为专题咨询服务。

对于一些未经提问或常设的课题，很多图书馆会通过编制专题目录等，主动向用户提供相关的信息服务，开展书目的情报服务，这个传统图书馆参考咨询服务中的一项重要内容，而网络环境下的书目参考服务——学科服务、书目数据库建设等，则是现今网络环境下的书目参考服务。书目参考工作的立足点和出发点是文献的信息的处理加工。课题的选择需要以现实的实际需要为依据，在选择材料的时候，需要针对某一观点所需要的文献，做到尽善尽美，全面、系统地收集其所需要的相关文献资料。在实际的工作中主要应该注意以下几点：第一，选题需要根据书目建设的时间长短来确定；第二，根据参考咨询部门提供的普遍性问题以及常用的检索工具来确定选题；第三，根据当前的工作重点来确定选题，选题需要适宜。

（一）网络资源学科导航数据库

网络资源学科导航数据库是指将网络上分散的资源通过分门别类的方式集中整合起来，以实现网络资源的集中处理、配置和优化，并对导航信息进行多渠道的内容咨询，方便网络用户可以按照科学分类的方式进行数据的查找。

1. 信息资源的选择

网络资源学科导航数据库与其他导航工具相比具有非常大的优点，如实效性、专业性、易用性等。在网络学科资源的获取上，需要着重以下四个方面的内容。

（1）重视内容准确性，强调学术价值

用户查找信息主要是为了满足相关工作的需要，这个工作一般是指科研工作，这类工作对信息质量的要求相对来说都比较高，因此在资源的获取上需要选择某学科范围内有一定深度内涵、能反映时代发展脉络的学术资源。在资源的选取过程中，学科的内容范围和准确性是其首要考虑的内容。

（2）重视信息制作发布者的可信度

在进行图书的选择时，作者、出版社是需要准确的核对；在进行期刊的选择时，需要选择核心期刊，将核心期刊提供给用户使用；网上信息的发布者往往也是需要着重考虑的一个重要因素。在进行这些资源的选取时，需要选择权威机构或者是与本学科学术刊物的相关出版单位等，只有选择这样的机构才能保证信息的准确性与可信度。

（3）重视信息的稳定性

网络资源不是一成不变的，而是时刻发展变化的，但是网站和网页具有相对稳定的特性，这在很大程度上方便用户的使用。其中，印刷型文献的数字化、网络期刊等都是比较稳定可靠的，在信息的获取上也是十分的方便。

（4）利用方便性程度

科研工作的性质往往要求科研人员必须掌握数量庞大的知识信息，这些信息必须能够真正帮助科研人员进行知识的探索。所以，网站的方便与否、人员查找文献资源的习惯、访问工具的使用等都需要被考虑，只有将这些问题处理好，才能更加方便人员使用网站。

2. 信息资源的获取途径

在网络环境下，如何使用正确的途径和手段获取网上的各类资源将成为构建学科导航数据库的关键，也将成为未来指导图书馆发展的关键。到目前为止，获取信息资源的途径主要有以下几种，包括权威网站、搜索引擎、网址类检索工具书、专业性期刊与学科主题指南、利用开放获取的信息资源。

（1）权威网站

具备专业资格的权威网站都会设有网络导航类的栏目，这类导航往往设有多个搜索引擎入口，用户可以通过这些搜索引擎的入口进入页面，浏览页面里的内容；同时还会设有相关专业的网站热点链接，这类链接往往具有非常强的实效性；还设有对某些专业站点的点评。因此，这类权威网站可以称得上获取信息的重要渠道。

（2）搜索引擎

用户可以利用搜索引擎，将其作为搜集信息的工具。其一，用户可以利用搜索引擎的分类功能进行信息的查询；其二，用户可以根据提供的关键词进行检索，但这类检索很难在检索的资料中发现较专业的学术信息。

（3）网址类检索工具书

随着经济的发展，涌现了非常多的网址导航类网站，这类网站集合了非常多的网址，并按照一些规定的分类方法将其进行分类，网址导航是互联网最早的网站形式。随着时间的推移，这类网址导航类网站已经成为获取学科信息的有效途径之一，此类网站一般分为两类：通用网址导航和专业网站导航。

（4）专业性期刊与学科主题指南

很多的专业期刊都都会提供本专业领域主要的一些网址信息，专业类的部门或协会也会在相关杂质或网站上提供相关的专业网址信息，同时在很多印刷本上也会有这类网站的介绍。

（5）利用开放获取的信息资源

开放获取（Open Access，OA）又称为开放存取，是图书出版界、图书情报界为促进科研信息交流、传播而采取的途径。其目的是促进科学技术的交流，使科学技术在交流的过程中不断发展，提升科学研究的利用程度以及提高科学研究的效率和质量。利用开放获取的信息资源，是指用户可以将评议过的文献资料、学术论文上传到互联网上，使用户可以免费获取这类文献信息，而不需要考虑这类文献的版权限制。

（二）书目数据库

1. 书目数据库的含义

书目数据库（Online Public Access Catalogu System，OPAC），是历史上较早出现的一类数据库，这类数据库主要是依据公共联机书目查询系统，并向用户提供储存和检索的功能。从第一个书目数据库建立开始到现在，世界各地已经建立了非常多的书目数据库。常见的书目数据库检索系统主要包括主题词表、关键词、分类表、索取号等，主要用来展现馆藏的各种文献书目。书目数据库的建立不仅适应情报政策的背景，还体现一个图书馆的馆藏资源现状，并且在一定程度上可以方便人们对于资料的查找。

2. 书目数据库的特征

我们通常将书目数据库分为馆藏书目数据库和非馆藏书目数据库两大类。其主要特征主要表现为以下几个方面。

（1）数字资源丰富

到目前为止，大多数图书馆的馆藏资源不断扩充，数字资源日渐丰富，

这不仅能为用户提供书目信息，还能向用户提供数字化的馆藏信息；数字图书馆不仅能为用户提供丰富的中外文献资料，还能向用户提供中文的期刊文献，同时在数字图书馆中还收录了电子的出版物，如CD、VCD、DVD等多媒体信息资源。在一些图书馆的书目数据库系统中，还收录了优秀毕业生的学位论文、教学的参考文献资料等。近几年，一些图书馆开始了对书目数据库资源进行资料的整理，在整理的过程中图书馆需要依据信息技术构建立体化、全方位的书目数据库资源系统，这个系统将向全文、书评、音频和视频方

向拓展。在书目数据库系统中，用户不仅可以检索到有关的书目信息，还能在系统中进行文献全文的浏览，同时用户在书目数据库系统中还可以找到自己所需要的各种资源。

（2）检索方式灵活

大部分的图书馆书目数据库系统都具有非常强大的检索功能，同时检索系统向用户提供多重检索方式，如关键词检索、短语检索、复合词检索、主题检索、作者检索等，书目数据库的强大不仅限于此，还包括向用户提供逻辑术语的检索，提供适当的匹配方式供用户进行选择，这种方式在很大程度上提高了检索的效率。与此同时，书目数据库具有多种显示、输出功能以及对查询结果的排序功能，这种排序功能是针对布尔逻辑匹配标准僵化、相关程度难以描述、无法满足检索需求等弊端而推出的。随着经济的发展，很多书目数据库都先后使用词频加权等模式来弥补布尔逻辑产生的弊端，并在融入信息技术的前提下，使用户可以在书目数据库下更快的查找资料。

（3）用户界面友好

书目数据库系统界面友好，便于用户使用，很多的书目数据库系统都会在一定程度上对检索系统进行简要的概括和对检索方式方法进行简单的介绍。在检索的过程中向用户提供检索的历史记录，这样可以在一定程度上减轻用户的检索负担；对菜单的设置也要符合用户使用的习惯，需要能够满足不同用户对于系统的不同需求。随着信息技术的不断发展，书目数据库的用户界面也在不断发展，具体表现为多语言设置界面、语言用户界面等。

3. 书目数据库的检索方式

（1）简单检索

简单检索是一种使用字段检索的操作。不同的书目数据库系统向用户提供的字段检索词不完全相同，但都包括对于作者名、关键词、主体、书号等的检索。很多的书目数据库都会使用下拉菜单的方式，用户可以从下拉菜单中选择自己想用的检索字段，并在这里面输入自己想要检索的词汇就可以进行简单检索。采用这种检索方式检索出来的记录包含用户输入的检索词或输入检索词中的一个单元词汇，但是各个单元不一定是相连的，也不一定是在同一个字段。关键词检索对于检索词的要求不高，甚至很难说检索词具有准确性，这就是为什么有的书目数据库会向用户提供模糊检索。

（2）高级检索

高级检索也被称为匹配检索，即提供布尔逻辑组合等复杂检索功能，可以帮助用户实现不同字段的检索。在检索的过程中，书目数据库会为用户提供主题、出版社等组配检索词。

(3) 限定检索

书目数据库所含有的数据资源非常繁多，因此为了提高检索的准确率，系统需要对检索的范围进行限定。书目数据库系统设置了多种不同的检索限定方式，如馆藏地、文献类型、出版社、出版年份等几种方式。有的书目数据库为了缩小检索的范围，还向用户提供了二次检索，这种检索方式的出现将会大大提高检索的准确率。在正常的情况下，用户可以直接在书目数据库的主页面上进行核心期刊、外文文献、中外图书的检索，但是要想准确进行检索就需要对检索进行限定。

值得注意的是，书目数据库的建设不是一项简单的工作，这是一项非常烦琐的工作，在工作的时候需要耗费大量的人力、物力、财力。因此，对于一般规模小的图书馆是不需要建设自己的书目数据库，可以同他馆一起使用已有的书目数据库，这样会节省一定的建设资金。

三、信息检索服务

信息检索可以按照一定的方式方法组织和储存起来，并按照用户需求检索出有关信息的过程。信息检索按照检索的手段划分可以分为手工检索和计算机检索；按照检索对象划分可以分为文献检索、网上信息检索以及数据库检索等。在传统的信息检索中文献检索是其主要的检索方式，现代的检索是以网上信息检索、数据库检索为主要内容的检索方式。随着经济的发展，本馆资源导航、学科信息门户等的建设和使用，已经成为 21 世纪信息检索的重要工作内容。

（一）信息检索的原理

随着经济的发展，信息检索已经逐步发展成为计算机领域的一个重要分支。信息检索作为情报工作领域的一项重要工作内容，其实质就是将用户的检索内容与数据库中的资源进行对比，然后将对比后的结果传递给用户。

（二）信息检索服务的内容

1. 回溯检索服务

回溯检索服务不仅要帮助用户查找最新的文献资料，而且要根据用户的检索词帮助用户查找近几年甚至是几十年的所有文献资料。回溯检索服务特别适合申请专利时为证明新颖性而进行的检索服务，同时也适合用户对于文章和教材的编写。

2. 定题检索服务

定题检索服务主要是针对用户的检索服务要求所提供的，并且需要定期向用户提供各种最新的情报，让用户及时了解所需要信息的最新动态，这也被称为跟踪服务。这是一种可以长期持续下去的服务，所提供的资料都是最近新发表的而且是具有权威的文献资源，这可以让用户及时了解行业的最新动态，可以把握科技发展的方向。

3. 全文检索服务

信息检索需要根据用户的检索要求，利用全文数据库检索提供的检索功能进行文献的检索，查找并直接把查找到文献资料全部提供给用户，用户可以从中筛选有用的信息。

4. 数值型或事实型数据检索服务

根据用户的需求，系统会为用户查找一些如参数、常数、市场行情等，这些数据都是经过查找可以直接使用的。

第三节 图书馆阅读推广服务创新

一、图书馆阅读推广服务

阅读是人类获取知识的重要手段之一。通过阅读，人们学习知识、开阔视野、交流文化，阅读是提高精神文明水准的基本途径，也是国家文化建设的核心内容。对于阅读推广的理解，不言而喻，阅读推广即推广阅读，是为促进人们阅读而开展的活动，旨在培养人们的阅读习惯，以提高人类文化素质及国家软实力为战略目标。

（一）图书馆开展阅读推广的优势

1. 大学生阅读的重要性

大学生是国家的栋梁，其知识能力与素质高低直接关系国家未来的发展前途。大学阶段是学生思想认识逐渐成熟的阶段，是世界观、人生观、价值观开始形成的重要阶段。加之大学时间充裕，学生可自由选择自主学习的时间、内容、形式，因此，这一阶段也是学生可塑性极强的成长发展阶段。书籍被称为人类进步的阶梯，是人类的良师益友。阅读是获取知识最直接的途径，通过阅读，不仅能够积累知识、增长智慧，还能净化心灵、完善人格，对学生世界观、价值观、人生观的形成起着积极的导向作用，也对大学生综合素质的提升有着重要的促进作用。可以说，广泛的阅读是培养文化素养的起点。然而，在网络文化的冲击下，网络信息成为学生阅读的主要内容，而对其他形式的阅读却逐渐丧失阅读的兴趣。为此，高校必须将阅读作为教育活动的重要内容，充分发挥图书馆在阅读推广服务中的积极作用，激发学生更强的求知欲望，引导学生不断丰富自身的阅读量，促进学生素质的提升。

2. 图书馆开展阅读推广的必要性

(1) 发挥图书馆职能的需要

传统的图书馆是信息传递的主要载体，为师生的教学活动以及科研项目提供服务。随着信息技术的不断发展，各种网络平台为师生提供了更加多元化的信息获取渠道，致使图书馆的阅读状况不尽如人意，资源利用率令人堪忧。图书馆传统的传递科学情报、开发智力资源的职能得不到充分发挥，造成馆藏资源的极大浪费。为此，图书馆势必需要改变原来的被动服务，化被动为主动，大力推广阅读活动。

(2) 教学科研活动开展的需要

师资力量是衡量教学水平的关键，其教学与科研能力又是衡量师资的重要标准。因此，高校将教学科研作为教学活动的重要内容。虽然高校教师都具备一定的教学与科研能力，但为了更加有效地进行教学科研活动，教师仍需要借鉴大量的文献资料为辅助。

图书网馆是文献资料的主要来源，高校图书馆都有着极为丰富的馆藏文献资源，能够为教师提供全面的信息服务。但由于时间的限制，即使具备较强阅读与信息检索能力的教师，也很难及时找到所需资料的情况。所以，高校图书馆有必要进行信息的归类、整理，有针对性地向教师进行阅读推广。这样既刺激了教师的阅读兴趣，满足了教师教学科研活动的需求，同时也缩短了检索文献资料的时间，保证了教学科研的时效性，提升了教学科研水平。

3. 图书馆开展阅读推广的优势

图书馆是知识的海洋、文化的源泉，因而它是阅读推广服务的理想场所。各国之所以都将阅读推广服务作为图书馆的一项重要职能，是因为图书馆有着丰富的馆藏资源，无论是数量还是种类，都有着极大的优势，这无疑成为阅读推广活动顺利开展的基础。此外，相较于其他阅读场所，图书馆是进行阅读活动最为理想的胜地，其浓厚的文化和学习氛围是其他场所无法相提并论的。在进入图书馆的一刹那，便立刻会被其优雅、宁静的氛围所感染，因而也更容易激发阅读的兴趣。总而言之，图书馆是促进阅读推广理想场所，对学生身心的发展有着积极的作用。

(二) 图书馆阅读推广模式的构成要素

阅读推广是图书馆系统中一项重要的服务体系，由相关的多个要素共同构成，所涉及的各要素不可分割。学术界将其归纳为阅读推广"六要素"，分别为阅读推广的主体、客体、内容、载体、方式及保障。

1. 阅读推广主体

阅读推广的主体扮演着组织者、操作者的角色，既可以是团体也可以是个人。针对高校图书馆阅读推广服务来讲，其阅读主体毫无疑问是作为学术教育机构的图书馆。它是阅读推广服务的管理者、参与者，决定了阅读推广的形式及内容，在推广工作中起着主导作用。高校图书馆是大学生的"第二课堂"，其发展程度是高校综合实力的体现，因此，作为阅读推广的主体，必须不断加强其馆藏文献资源的建设，制订科学的推广规划，为阅读推广创造一切良好的内部环境。

2. 阅读推广客体

阅读推广的客体，即阅读推广服务的对象，一般为高校师生群体及社会大众。阅读推广客体的范围受到阅读推广主体的影响，例如图书馆为教学科研服务的职能将其客体范围限制在与教育科研相关的群体内。主体对客体具有选择性；同样，客体也不是被动地接受主体的安排，而是具有一定的主动性，即可以根据自身的知识结构、兴趣爱好以及实际需求等有针对性地选择阅读推广的形式。由于年龄、专业、基础能力等方面的不同，客体具有多元性、不定性等特征，因此，作为阅读推广主体的图书馆应根据客体的实际情况，为其提供针对性的服务。

3. 阅读推广内容

阅读是提高国民素质的重要举措，对国家乃至民族发展具有重大意义。图书馆是阅读推广服务的最佳选择。在阅读推广的内容上，图书馆发挥着其他机构无法比拟的优势。通过科学的阅读理念、阅读方法的推广，进而以纸质刊物、电子读物、文献期刊、报纸等多种形式向读者进行阅读推广，这些都是阅读推广的基本内容。随着社会的进步，新知识层出不穷，客体对信息知识的需求也处在不断变化中，图书馆应与时俱进，及时更新阅读推广的内容，以更加专业、多样的形式满足客体对阅读需求的时效性。

4. 阅读推广载体

任何活动的开展都离不开一定的载体，阅读推广服务也不例外，图书馆是阅读推广的主要场所，是阅读推广活动得以存在的主要方式。随着数字化信息的发展，阅读推广还应该发展以新媒体技术为载体的阅读平台，使阅读载体朝着多元化的方向发展。

5. 阅读推广方式

阅读推广方式的选择与阅读效果有着直接的关系，如何有效进行阅读推广服务是值得高校图书馆关注的问题。阅读推广者应该纵览全局，统筹安排阅读推广活动，创造性地推出形式丰富多样的推广方式。诸如好书推荐、成立图书会、开展名家讲座、读书知识竞赛以及多方合作的阅读推广等方式。在具体实践中，应针对实际情况，从中选择最恰当、最合理的方式，做到既符合推广对象的需求，又不失阅读的趣味性，进而保证阅读推广活动有计划、有目的地进行。

6. 阅读推广保障机制

随着我国社会的飞速发展，各种文化、思想充斥着人们的生活，高校图书馆阅读推广服务能够起到很好地刺激年轻人的精神文化的作用，使其避免不良思想的侵蚀，为国家培养高素质的人才。阅读推广保障机制就为保障推广活动的顺利进行而采取的一系列制度建设等措施。阅读推广的保障机制主要包括完善的决策机制、有效的沟通机制、完善的联盟协作机制以及必要的法律保障机制等。阅读推广活动是一项长期工作，所以建立长效的工作机制必不可少。

（三）图书馆阅读推广服务的创新

1. 建立阅读长效机制

图书馆进行阅读推广服务既是其职能的体现，也是其社会责任的履行，对高校乃至整个社会都有极为重要的意义，能够为社会培养更多的全面型人才。阅读习惯的养成不是一蹴而就的，需要一个漫长的培养过程，因此，阅读推广服务应该是一项长期推进的活动，故而需要制定健全的服务机制，以保证阅读推广活动的可持续发展。

（1）建立健全阅读推广保障体系

①创建阅读推广活动的主体结构

图书馆是阅读推广活动的主体，构成图书馆主体结构的元素是多元的，因此，必须不断构建完善的主体结构，充分发挥各方面的作用，使之围绕阅读推广形成强大的系统结构。当前图书馆主体结构可以从下方面完善。其一，阅读推广是一个系统的工作，必须设立专门的机构负责推广活动的统称规划；其二，图书馆工作涉及众多部门，阅读推广离不开各部门的默契配合，为此，需要强化院校各部门的沟通与联系，形成分工明确的工作机制；其三，通过校际、院校与外界机构的合作，优势互补，提升图书馆服务能力；其四，发挥阅读推广委员会的作用，充分利用专家资源，扩大阅读的影响力。

②构建功能多样化的阅读服务平台

时代的发展，信息技术日新月异，高校图书馆也引进了先进的技术设备，呈现出数字化、信息化、网络化特点，为阅读推广服务奠定了技术基础。在推动阅读服务的过程中，应充分利用信息技术的优势，构建功能多样化的阅读服务平台，如微信、QQ、微博等。需要注意的是：其一，完善平台硬件设施，保证技术设备的正常运行；其二，不断更新并完善服务平台的信息资源，保证信息的时效性；其三，创建平台同知识发现与共享的模式，使读者更加方便、及时地获取资讯。

③规划阅读推广的基础理论体系

阅读推广离不开科学的规划，建立实际需求基础上的规划，是阅读推广的前提。首先，立足于高校图书馆阅读的现状、用户的需求，乃至国家的发展，明确阅读推广的目标和任务，制订详细的推广规划；其次，坚持以人为本、以读者需求为中心的服务理念，制订满足读者多样化需求的推广策略；最后，合理设置评价标准，最大限度地提高阅读推广的有效性。

（2）建立活动推广人才的培养机制

阅读推广需要专业人员的规划指导，而高校阅读推广主要的参与者是图书馆，馆员与推广服务的开展有着密切联系，馆员素质直接关系推广活动的进程与效果。因而，必须全面提高图书馆员的综合素质。

馆员不仅要具备较强的协调沟通能力，还必须热爱阅读，只有这样才能全身心地投入阅读推广工作，对学生阅读内容和阅读方式进行指导。此外，为更好地保证阅读推广的有效性，还必须从理论与实践两方面入手，构建人才培养机制，包括图书馆服务的基本认知能力、阅读基础知识能力、服务能力以及阅读推广的宣传与培训能力。新媒体环境下，还包括网络技术与阅读操作能力、网络平台的沟通互动能力等，通过培训，不断提升馆员综合能力与素质。在实践方面，在了解读者阅读心理与需求的基础上，能够组织开展多种形式的阅读活动。除此之外，还必须实行科学的考核制度，通过对培训效果的检验，进一步提升其阅读能力和工作水平。

2. 拓宽发展渠道，丰富内容资源

信息时代，阅读推广的形式也可以变得丰富多样，利用网络与新媒体技术的优势，可以发展线上、线下相结合的推广方式，如数字图书馆、微信、微博等，创新阅读推广渠道，丰富移动阅读的内容。这种模式打破了地域的限制，能够增强阅读对象与组织者之间的多边互动，使组织者更加了解推广对象真实的阅读心理与需求，便于推广活动的进一步开展。同时，借助网络新媒体平台，打造联合阅读推广网络，实现阅读推广活动的全方位宣传，这不仅能够吸引学生关注从而参与其中，更重要的是有效推动了阅读推广向深层次的发展。

3. 更新服务理念

在阅读推广活动中，图书馆员是沟通阅读推广对象与推广活动的桥梁，信息技术的日新月异对图书馆馆员提出了更高的要求。为有效提升阅读推广的效果，馆员必须转变服务理念，从思想上摒弃对原有服务的认知。尤其是在"互联网+"环境下，用户对阅读的心理与需求各不相同，采取的阅读形式与途径也各有差异，图书馆馆员原有的知识服务已无法满足用户的需求，因此，馆员应变被动为主动，主动了解用户需求，迎合用户，这就需要馆员变单一的知识服务为智慧服务,灵活多变地满足用户需求。

这里的"转知成慧",强调的是馆员的价值,要求馆员从服务的目标、内容、方式等方面最大限度地实现自身价值的发挥。高校图书馆应在以人为本的理念指导下,加强与用户的沟通与交流,细化读者阅读需求,随时答疑,及时帮助,为其提供个性化阅读服务,以促进图书馆阅读推广工作发展。

(四) 阅读推广成效评估模型

读者是阅读推广的对象,因而对阅读推广的评估也应该以读者为中心,以读者的参与、体验以及达成的实际效果为考核标准。

1. 读者的知晓维度

知晓度即读者对阅读推广活动知与否的认识,包括对阅读推广的内容、范围、形式、进度等方面的了解程度。读者的知晓度主要取决于图书馆对阅读推广宣传力度,一般来说,在图书馆自身条件充裕的条件下,阅读推广宣传活动越成功,对读者的刺激越强,读者对其知晓度就越高,图书馆影响力就会越大;因而,读者参与其中的可能性也就越大。所以,知晓度是衡量阅读推广效果的基础。

2. 读者的参与维度

"参与"即参加,对于阅读推广而言,读者的参与即加入阅读活动。参与与否与参与的程度,都将对阅读推广的效果的评判产生一定影响。读者只有从心理上接受图书馆阅读推广的内容、形式等方面,并认可阅读推广活动的重要性,主要是对自身带来的有益影响,对自身价值实现的促进作用,才能真正地全身心参与其中。读者的认知程度、价值感的高低都将影响其参与度。同样,参与程度也直接反映了阅读推广的影响力。由此,可看出,读者参与是阅读推广价值评价的依据。

3. 读者的满意维度

满意是一种心理状态,读者的满意度是读者对阅读推广的内心真实感受,也是对活动效果的直观反映。在阅读推广活动中,衡量读者满足与否的标准是看读者参与阅读活动前后,期望值的达成度,如若期望达成度较高,证明读者获得了较好的阅读体验,从而获得了身心的愉悦感;反之,亦然。读者的满意包括两方面:对阅读推广活动内容、形式、氛围等方面以及对参与活动后自身收获的认可度,满意度是评价活动价值的可靠保障。

4. 读者的认可维度

读者的认可是读者参与的前提,它是读者对阅读活动进行心理评价后的一种心理状态,是满意度在认识上的更进一步。认可度越高,其参与阅读活动的积极性就越强。读者对阅读推广活动的认可,是通过读者对阅读推广的意义以及读者需求的满足度来衡量。图书馆阅读推广的目的与任务是扩大阅读群体,在全社会形成阅读的氛围,这一目的的完成度在很大程度上取决于读者的认可,因此,读者的认可是阅读推广效果的直观反映。

5. 读者的推广维度

基于读者的知晓、参与、满意、认可,从而形成自觉进行阅读推广的行为,是图书馆阅读推广活动成熟的标志,也是阅读价值实现的最高层次。推己及人是阅读活动时效性的最好实证。通过阅读者自身的体验,将阅读活动的价值与意义传递给更多的人,让其认识、了解并接受阅读,最终达到宣传、普及的目的。读者推广相对于前面的几个维度,是主动的行为表现,由被动到主动的转变,正体现了阅读推广的感染力。通过读者行为的判断,能够更好地评判阅读推广的效果。

二、现代图书馆知识导航

(一) 知识导航在现代图书馆中的作用

1. 引领网络资源服务

第一,21世纪是信息的大爆炸时代,计算机技术、网络技术和信息技术已经成为人们生活中的一部分。同时,它为图书馆的服务提供了技术支持,这个时代的到来不但使传统图书馆的服务功能发生了改变,而且使高科技成为服务的主要手段。

第二,引领网络资源服务是最根本的服务方式之一,而引领网络资源服务的特征主要有两点:其一,图书馆提供文献检索数据库;其二,全文数据库信息资源。随着时代的发展,图书馆的书籍已经演化成各种形式的知识载体,用户可以在知识载体上实现信息的快速检索。而此时图书馆的职责也由原来的单纯地传递知识转到引导用户寻找资源和利用资源,并且用户可以在图书馆中随意地查找自己所需要的信息,不受时间和地域的限制,真正实现跨时空的知识共享。

第三,网络资源的服务其实就是将传统图书馆的服务搬到网上进行,这种服务方式的转变可以协助用户进行创造性的工作和学习。线上图书馆是由图书馆网页和背后的数据库所组成,进入图书馆官网,用户最先看到的是图书馆的门户,这个门户是网络资源索引的窗口,它可以直接、具体地指引用户对所需要的内容进行导航,同时它还可以向用户展示图书馆的馆藏文献以及社会上的热点时事,这些都将帮助用户了解最新的知识信息。

2. 推荐优秀书刊

阅读优秀的书籍可以帮助用户认识灵魂中不同的人格自我,也可以帮助用户构件自我的精神内核,这在道格拉斯《理性动物》中提到过。所以,对于图书馆来说,向用户推荐优秀的书刊将会在一定程度上改变部分人的知识结构,提高部分人的知识涵养。与此同时，随着社会的发展，图书馆的馆藏图书量越来越多，如此庞大的图书量如果要逐一阅读显然是不可能的。所以，图书馆需要对各类书籍有一个明确的划分，什么人适合什么样的书籍，什么阶段的人适合什么样的书籍等，这将使用户在短时间内获得最有用的信息，并使研究者获得新的知识点、新的发展方向等，这将推动人类研究的进步。

3. 进行阅读辅导

第一，图书馆是人类文明发展到一定阶段的产物，随着人类社会的发展进步，图书馆将承担越来越重要的社会职能。社会职能即社会公共服务职能，是指除政治、经济、文化以外的政府必须承担的职能，而图书馆的社会职能是指图书馆通过对信息进行储存、传递、加工等，并将这些信息无偿地传递给用户，进而对社会的发展进步起到一定的作用。为了完成社会赋予的使命，图书馆需要定期开展各类信息讲座并邀请各个领域的相关学者和专家进行演讲和讲评，同时需要针对社会上的时事热点进行畅谈交流，在交流中获得新知，在交流中传承文化。图书馆在进行阅读辅导的时候需要注意以下几点：首先，在辅导开始之前，图书馆需要将辅导的开始时间、地点等通过短信通知等形式传递给用户；其次，辅导的内容需要提前做好准备，切忌临时准备；再次，辅导的时间不宜过长，这就要求辅导的内容要精简；最后，辅导的形式要多样，这样才可以激起用户参与的兴趣。

第二，一个有特色的图书馆将会为知识的导航阅读打下坚固的基础，而特色的图书馆不是一朝一夕建立起来的，而是经过几代人的不懈努力建立的，这里面所形成的文化特色是其他图书馆所不可比拟的。

4. 阅读跟踪调查

第一，不同的用户群体在阅读的时候会显现出差异，这主要与其从事的职业有关。因此，面对不同的文化群体，图书馆可以对不同层次的用户群体进行分析。首先，图书馆需要了解用户的阅读方向，因为只有对用户的阅读方向跟踪调查才能深度了解用户的阅读诉求，才能为用户提供更好的服务；其次，图书馆需要了解用户的阅读走向，这可以帮助图书馆及时调整推送书籍的方向，做好知识的导航；最后，图书馆需要对用户进行综合性的书刊阅读跟踪调查，这将使图书馆在一定程度上了解近期流通书刊的大致分类。这种阅读跟踪调查主要是通过计算机完成的，阅读的曲线变化将会反映这个时期阅读的总体趋势。同时，图书馆管理员会根据阅读曲线的变化对图书馆的馆藏图书进行剔旧以及更新。

第二，阅读主要是通过运用语言文字来获取信息、认识世界，并获得阅读体验。所以，图书馆在开展阅读跟踪调查的时候，需要对阅读的效果进行分析，展示图书馆对于文献利用和创新的精神。21 世纪是知识大爆炸的时代，在这个时代里图书馆存在的意义和价值都发生了明显的变化，而人们获取阅读的方式也发生了明显的变化，原来是通过纸质图书获取信息，现在是利用网络获取信息，显然网络媒介可以更快地将知识传递给用户。

（二）图书馆知识导航的功能

随着时代的发展，人们对于信息技术的需求越来越高，获取信息的方式也越来越便捷，这就使得图书馆被迫由原来的被动服务转化为现在的主动服务，由原来的传统操作转变为现在的知识导航服务。所谓知识导航服务是指图书馆设身处地地为用户着想，从用户的实际需求出发，尽最大努力满足用户对于阅读的各项需求，并根据用户的各项需求提供具有分类特征的信息化服务。

1. 知识桥梁作用

知识的价值体现在人类社会的生存和发展中，知识只有为人类服务的时候才能体现其价值，知识本身是死的东西，不具有任何附加的价值，所以知识只有在人的使用下才会具有服务价值。图书馆是对知识进行收集、整理、储存、传播、创新，并为用户传递科学文化知识的桥梁。汉代，刘向、刘歆父子根据前人的知识体系并加以创新，之后将所藏文献分为七大类，主要以编制书目摘要的形式进行文献的导向管理；计算机管理时代，人们利用信息技术将实体的目录导引到网络上，并在这个基础上添加虚拟馆藏目录索引；网络时代，图书馆逐渐转变传统的管理方式，开始将实体的图书资源转变为网络资源，让用户通过搜索引擎工具（全文、关键词、主题词、作者、单位、刊名）等检索到所有想要查找的内容。与此同时，图书馆将文献收集、整理、分类之后，将文献信息以多种方式传递给用户，这一直是图书馆的工作职责。所以，图书馆具有知识导航的功能，图书馆可以通过知识导航来实现其工作职责，图书馆的知识导航也搭起了用户与知识的桥梁。

2. 知识转化作用

图书馆知识导航实现了社会知识与个人知识的相互转化。图书馆可以通过知识导航将社会知识传递给用户，用户可以将图书馆传递的社会知识进行理解、分析、转化、吸收，之后如果用户将已经吸收的社会知识以某种形式传递出去，这个时候个人知识转化为社会知识。这个时候形成的社会知识又会在某种程度上被图书馆所采纳，图书馆又会将这部分知识传输给需要的人，这在一定程度上促进了知识的循环，也在一定程度上更新了知识，在这个过程中好的知识就会自然而然地保存下来，不好的知识也会被人们剔除。所以人们可以看出，社会知识与个人知识通过图书馆的相互转化过程，其实就是推动社会不断前进的动力。

3. 知识整合作用

图书馆管理员需要通过知识导航系统将知识进行整合并为用户提供服务。知识导航需要根据用户的需求，并通过博览群书的方式进行知识的筛选，从繁杂的文献中筛选出有用的知识，并将这些知识进行分类整理。在整理的过程中需要将无用的知识丢弃，将有用的知识保留并提取。与此同时，知识导航可以通过书本的方式或在网站上建立搜索引擎，并将这种方式提供给用户使用，同时需要根据用户的需求制定合理的搜索页面。很多专业的知识不是用户所能完全掌握的，但是用户可以通过深入的探索了解其中的奥秘，所以人们不仅需要建立知识导航的概念，还需要掌握知识导航的工具，只有这样才能在知识的海洋中探索到对自己有用的信息，只有这样才能构建起用户所需要的认知模式，创造出适合我们未来的知识工具。所以，知识导航是21世纪人类探索图书馆奥秘的方式方法，也是图书馆的立馆之本。所以，人们要以知识导航的发展作为图书馆未来改革的工具，要以知识导航的新要求、新标准作为服务用户的指导方向，把知识导航作为全馆工作的重心。同时，在图书馆应用知识导航的过程中，图书馆管理员要发挥知识导航元在知识创新及知识积累中的作用，在工作中充分发挥个人的才智，充分发挥21世纪知识导航员的作用。

（三）图书馆实现知识导航功能的优势

第一，图书馆具有公益性的特征，即在使用图书馆的过程人们获得了便利。随着时代的进步，图书馆的服务功能不断增加，服务领域也在不断优化，这在一定程度上大大提高了人们使用图书馆的频率。21世纪，人们要想把图书馆发展成一个为人们所使用的、适应社会发展需求，就需要把知识导航功能的实现作为今后工作的发展方向。在发展的过程中，图书馆及图书馆管理员需要充分发挥知识导航的功能，满足用户不断可持续发展的需求，只有这样才能获得用户的持续支持，只有这样才能吸引更多的用户，只有这样图书馆才能不断焕发活力。

第二，随着人类不断地发展，图书馆逐渐具备了传播与开发知识的能力，尤其随着现代社会网络化程度不断提高，社会化建设不断加快的今天，图书馆通过网络平台实现了资源共享的目的，让用户在使用知识导航的过程中充分享受全人类的智慧结晶。

第三，一个图书馆的存在必定拥有丰富的馆藏，因为只有具备了丰富的馆藏才能满足不同层次人们的不同需求，并使其在发展过程中获得新知。同时，图书馆在发展过程中需要充分发挥自身的主观能动性，因为只有这样才会使图书馆持续获得生机。

（四）图书馆知识导航功能的实现途径

1. 从传统图书馆员到知识导航员的角色转变

知识导航是指图书馆从繁杂的信息中提炼出用户所需要信息的过程，在这个过程中，图书馆会运用多种先进的技术手段，主动地向用户提供知识信息咨询服务，以便可以快速地满足用户对于信息的需求。在这个过程中，图书馆管理员需要站在用户的角度去考量，只有这样才能真正了解用户的需求，才能为用户提供更好的服务。此外，对于知识导航所需要的信息建设而言，传统图书馆中的信息储藏与管理已经不能适应时代的发展，导航员需要根据时代的需求及时转变自己的服务方式，如将原来传统的服务方式转化为个性化定题信息服务、情报研究服务等。

传统的图书馆管理人员只有在用户进行询问的时候才会发生作用，这是非常被动的处理方式，而知识导航员是一个能主动了解用户需求，并利用现代技术手段在网络上查找、管理以及利用信息并进行信息综合处理的人，传统的图书馆管理员在转变知识导航员的过程中要注意自身素养的提高，并对自己的知识结构进行不断地更新与优化。

2. 以读者为本，充分发挥知识导航功能，提高服务质量

图书馆的工作不仅仅是收集和整理文献资料，这只是图书馆工作中的一部分，图书馆的工作还包括帮助用户正确使用图书馆、帮助用户掌握搜索引擎的使用方法等，这些工作也是图书馆的重点工作之一。图书馆开展的任何一项工作的目的都是更好地服务用户，同样开展知识导航服务也是如此。随着经济的发展，图书馆原本的服务方式已经不能满足用户的需求，因此当前的图书馆正朝着文献载体多样化、服务手段多样化、搜索方式简单化的方向发展。经过多年的努力，数字化的图书馆不断完善，这也为知识导航的实现打下了坚实的物质基础，但是由于图书馆对于用户信息处理的能力有限，图书馆管理人员需要不断学习新的技术手段，以期能提高服务质量。

第六章 图书馆社会化服务创新

第一节 图书馆社会化服务

现代高速发展的社会中,图书馆的存在始终是人类知识的源泉,也是广大人民群众终身学习的地方,更是人们可以接受社会文化教育、提升自身文化素质和水平的重要途径。

一、图书馆社会化服务的概念

社会化指生物性的个体,经由参与社会团体的活动,吸收社会文化与规范,逐渐适应社会生活的过程。图书馆的社会化是指图书馆积极参与社会工作,发挥自身信息资源的优势,不断促进社会发展的一个过程。高校图书馆的社会化服务就是高校图书馆服务功能和外延的扩大化,高校图书馆在满足校内教职员工的基础上将服务的群体逐步从周边社区扩展到所有社会读者,向社会开放,为政府、企事业单位、社区居民等群体提供信息服务。

二、图书馆社会化服务的意义

图书馆的社会服务化为广大人民群众提供信息化资源。随着时代的不断发展,政府以及一些企业和科研机构由于本身的资源和经济条件有限,并不能够在本单位或者机构设置应有的专业信息服务资源,而经济的高速发展却又正在向这些人们提出了更多的挑战,所以,他们对知识的需求和渴望是相当迫切的,图书馆的社会化服务却恰好地解决了这些问题。因为图书馆的馆藏资源是相当丰富的,而各大高校的图书馆中都有众多的专业人才和相当先进的信息服务技术,如果只对本校的各种项目服务,那无疑是对信息资源极大的浪费,所以,现在我国很多高校的图书馆正在逐步地向社会公众开放,以社会化的服务更好地为人们和知识的继承做着更多的贡献。

三、高校图书馆社会化服务开展的必要性

（一）社会属性要求

图书馆是国家为满足人们的知识信息需求而支持建立的公共事业型单位，所以在公共教育、满足人们文化需求方面，具有重大责任。高校图书馆是前沿科技与知识资源的集散地，这个功能使得高校图书馆应向大众开放，向大众提供社会化，全面化的知识服务。

科技兴国、人才强国是我国多年来坚持的发展战略，国家对高等教育的重视程度不言而喻。高等院校的教育在从学校走向社会，高校逐渐将教育资源分享给社会大众。图书馆作为高校文化知识教育的重要组成单位，给学校教学与科学研究活动架设了一座桥梁，高校师生在学校图书馆获取用于学习和科研的文献信息，高校图书馆是教学和科研必不可少的基础条件。图书馆为教育和科研提供了相当大的资源依托，为了鼓励学科创新，推动科技发展，图书馆也积极开展各项活动，高校图书馆已成为人才和社会交流、结合的重要场所。

（二）相关政策规定

高校图书馆聚集了大量的知识文献信息，是文化知识宝藏。国际社会早有人呼吁高校图书馆面向社会开放。国际图书馆协会在 20 世纪就出台了相关政策，鼓励高校图书馆推行社会化服务，整合知识资源，完善知识体系，保证最大限度地实现社会服务义务。21 世纪早期，我国也顺应时代发展潮流，吸收开放思想，倡导有条件的高校，结合自身实际条件，尽其所能的开放图书馆，为社会读者提供服务。随后，国家又进一步完善规程，明确高校图书馆应同社区联合起来，以地区为划分，逐步发散到其他区域实施服务。国内高校纷纷响应国家号召，在相关规程出台后，很多高校图书馆根据有关规定和相关政策，结合自身条件和当地社会环境，先后不同程度地开展了社会化服务。国家的相关政策是高校图书馆发展的方向指引，是图书馆未来积极探索开展社会化服务方式、与社会企业团体实施合作、资源共享的有力保障。

（三）时代发展需要

互联网早已成为人们工作生活必不可少的生产，信息的广泛广播和无限搜索是人们获取知识的主要方式之一。在知识经济时代，知识成为经济发展的关键因素，各个领域的发展进步都无法脱离知识。互联网的发展，使高质量的信息不断得到传播，并日益受到人们的关注。知识是人类进步的阶梯，人才的培养、科技的进步都需要参考大量的文献信息，

知识资源是社会发展的保障。知识不断地被更新，旧的知识不断被新的知识取代，国家与社会要想持续发展，不落人后就要不断获得新的信息知识，同样，社会读者也需要获取知识。图书馆是社会读者信息主要来源之一，在图书馆里，读者可以迅速找到所需信息，与公共图书馆不同，高校图书馆的馆藏数量极多，是高校重要教育资源之一。而且高校图书馆的文献信息更新及时，涉及知识范围广泛，丰富的馆藏资源可以满足社会各界、不同读者的阅读需求。

由于地理位置、历史遗留、经济发展等诸多因素的影响，我国一些区域并不发达，公共图书馆相关配套设施并不完善，信息资源受到限制，馆藏文献缺乏，无法为当地企业、团体及其他社会读者提供服务，当地的研究机构也不能在当地图书馆查找到最新的、全面的资料信息。在人口相对密集的城市，公共图书馆的资源在面对大量需求人群时，很难满足读者需求。而有大学的地方几乎就会有图书馆，因高校培养人才的需求，学校十分重视文献资源的建设，高校图书馆拥有公共图书馆所不具备的优势，并且以往的高校图书馆的主要服务对象仅仅是本校师生，其服务对象十分单一，致使馆藏资源得不到充分利用，开展高校图书馆社会化服务能充分利用馆藏资源价值，使利用率最大化。

公共图书馆数量稀少，几乎一个市区仅有一个，且大都处于城市中心，如果这个城市的人口密集，就会出现大量的人群使用同一个图书馆，且处于市郊还有县级的市民要想到图书馆查找资料就比较困难。公共图书馆数量稀少、布局不合理，是我国公共图书馆建设的现状，也是需要解决的问题。高校图书馆尤其是本科院校，校区面积很大，部分重点院校拥有多个校区，新校区由于建设时间和地理空间的位置大多设置在偏远地区，这为当地社区居民获取信息提供很大帮助，能够缓解公共图书馆服务压力。

（四）社会舆论

随着时代的发展，高校图书馆服务社会化成为必然趋势，也被多数的专家学者所认可。而且，在强烈的信息资源需求的驱使下，社会各类组织团体纷纷表示应由政府出面，制定相关政策鼓励地方高校将图书馆开放，推行高校图书馆服务社会化，这样在提高公民素质的同时，对于缩小区域文化差距，促进区域文化交流起到积极作用。

四、高校图书馆开展社会化服务原则

（一）可持续性原则

高校图书馆社会化服务是公共文化事业建设的重要内容，是公共文化服务体系的重要组成部分。就我国当前高校图书馆自身发展现状与社会化服务推广程度上看，高校图书馆社会化服务将成为一项需要长期坚持的系统化建设工程，实现高校图书馆社会化服务并非一蹴而就，而是任重而道远。因此，坚持可持续性发展的原则是非常必要的。第一，高校图书馆要在社会经济迅速发展、知识资源不断更新、科学技术不断进步、网络资源不断累积增长、用户数量越来越多，以及读者需求的不断多样化的严峻条件下实现自身的可持续发展。第二，图书馆的社会化服务要实现经济效益与社会效益的双赢，就要继承传统服务优势、总结现代服务经验、探索未来服务模式，将当前服务与长远发展相结合，让图书馆社会化服务发展在社会公共文化体系建设中发挥积极作用。

（二）以人为本原则

中国图书馆学会曾发布一个关于图书馆服务的宣言，此宣言明确了图书馆服务的目标，强调图书馆的服务和管理要体现人文关怀，要关注弱势群体的知识文化需求，消除弱势群体利用图书馆的困难，秉持"人人可用图书馆，人人具有享有图书馆服务的权利"的思想开展图书馆服务活动。中国图书馆学会坚持人性化管理与服务原则，让图书馆服务面向全体社会大众，包括弱势群体。图书馆服务要以人为本，高校图书馆在开展社会化服务时更应该坚持此项原则，针对不同需求、不同文化背景、不同层次的社会人群提供个性化服务。

（三）梯度开放原则

虽然高校图书馆社会化服务是历史发展的必然，但其发展的过程受众多因素不同层面的影响，不同高校图书馆应根据自身资源建设情况、自身环境及服务能力的大小，有计划地实现从基础性服务到创新性服务的梯次开放，循序渐进地提高自身的社会服务能力。

我们已经知道高校图书馆社会化服务不是一蹴而就的，要循序渐进地开展。虽然国内外都在大力倡导高校图书馆社会化服务，高校图书馆社会化服务是高校随着社会知识经济发展必将行进的方向，但由于高校地处区域发展状况、自身资源建设，以及自服务能力的影响，高校图书馆社会化服务成为一项长期任务，高校图书馆的社会化服务不能一瞬间就全面展开，而是需要从基础性知识服务到信息咨询服务，再到更高层级的个性化服务有梯度的开放，逐渐提高自身的社会服务能力。

（四）特色先行原则

信息时代的用户对知识的需求开始变得十分迫切，也变得多元化与个性化。高校图书馆社会化服务在满足普通大众需求的基础上，要发展其特色服务，重点挖掘本校优势，结合高校优化和发展条件推出特色服务，让特色服务成为高校图书馆社会化服务的核心竞争力。特色先行原则实质上就是个性化、集成化、高效化的具体体现。在具体操作中，高校图书馆要依据学校性质、借助学校的优势学科、特色专业，发挥其优势地位构建高校图书馆专有特使数据库，优先发展本校特色学术资源，加快高校图书馆社会化服务进程，保持特色服务的主导地位。另外，将本校先进科研成果通过社会化服务的平台流向社会，为用户提供有针对性的、有特色的一对一服务，同时促进科研成果的转化。

第二节　图书馆社会化服务的模式

一、图书馆社会化服务模式含义

服务是面向广大社会各种群体的或个人，其收益可以是有偿或无偿的一种活动。广泛的服务对象、多样化的服务需求、多元化的服务内容，使服务的方式不可能是统一、具有同一标准的活动形式。服务模式应该是根据不同的服务对象、不同的服务需求，为满足大多数人群的需要而不断变化的活动形式。

图书馆社会化服务是图书馆保持可持续发展的必然结果，一个个体要想在社会中生存发展下去，就要学会社会中的标准、规则，为社会创造价值。图书馆社会化服务根本目的是为社会提供丰富、全面、广泛的信息资源，满足社会大众知识需求。图书馆社会化服务模式应满足知识经济时代发展需求，应有益与图书馆信息化管理、服务模式变革、业务发展创新的需要。所以，图书馆社会化服务模式的建立应该本着满足社会成员对知识资源需求的根本原则，适应知识经济发展需要，转变传统服务理念，促进图书馆创新发展，丰富社会知识资源，推动社会经济、科技等各领域的研究发展进步。图书馆社会化服务模式应在信息资源方面、知识体系、服务机制、管理体系、组成结构等方面结合广大用户需求，综合考虑各方面的因素，构建合理的服务新模式。

服务模式按社会用户所需知识需求的显隐性程度大小、知识服务过程中馆员所倾注的智力因素大小、知识产品信息化程度的高低分为文献提供等基础性服务模式、信息参考咨询等过渡性服务模式和知识增值服务等创新性服务模式三种模式类型。

二、图书馆开展社会化服务的多种模式

图书馆社会化，即是图书馆面向社会开放，图书馆社会化服务就是服务于社会。图书馆要秉承以人为本的原则，结合本馆与当地的实际情况，充分利用图书馆丰富的信息资源，专业的图书馆管理与服务人才，先进的科学技术等优势，全面推进图书馆社会化服务

的开展，进而促进图书馆的社会化发展，让图书馆信息资源倾泻到社会中，充分体现图书馆的社会价值。

(一) 区域性图书馆联盟服务模式

个体的能力是有限的，合作可以共享资源，提高服务能力。任何一个图书馆的存储能力、信息搜集能力、文献管理能力、现代化科技能力都是有限的，而用户信息资源的需求却是复杂的、动态的、多样化的，涉及领域极其广泛，所需的信息形式也会多样的。在一定的区域范围内，多个图书馆联盟合作，整合多个图书馆的信息资源，建立一个相对完善的、资源丰富的、结构化、一体化、社会化服务平台是满足用户需求的方法之一，同时图书馆之间也可以借此机会分享信息资源，整合馆内信息资源，合理并充分利用信息资源，使其产生的效益最大化。另外，通过协商一致，按照协议标准建立起一个信息共享平台，使图书馆之间可以实现及时的文献信息传递、交流与沟通，并且让每个图书馆都可以查询访问其他图书馆可供查询的文献信息，了解各馆之间的文化特色和其优势领域，让资源共享落到实处。这样既丰富了各馆的信息资源，避免资源内容重复，节省财力物力，又可以优势互补，为用户提供广泛的、全面的信息资源，使图书馆与社会人群都实现利益的最大化。

(二) 专题服务模式

针对用户需求的不同，图书馆可专门针对需求较高的高端用户，结合自身管理优势和信息资源优势推行专业化服务，即专题服务模式。针对一些科研领域，要求获得较高质量信息和事实资源的用户，可以为其提供专题情报服务；为需要社会信息资料参考、辅助决策的小众领导层级提供专题社会信息服务；为渴望更多知识、增加自身修养的社会群体提供专题学习服务；为推进"全面阅读""终身教育"，提供大众化服务和在线信息素质教育服务；对有校企合作的企业，图书馆针对企业发展需要，建立校企资源共享平台，搭建校企合作平台模式。

1. 专题情报服务

专题情报服务是指为某一固定用户，在一段时间内，根据用户需求就某一领域或某一专题，主动地、不断地提供情报信息。通常这类服务的完成需要图书馆组成专业的科研项目合作小组共同完成。专题情报服务的内容通常是对新兴科技研究、高端产品开发、重大科研课题、前沿信息理论等信息进行有计划、有组织的收集、分析、加工处理，最终以主题报告形式供给各特定用户，以便为用户学科指导研究服务。值得注意的是，专题情报服务不同于传统的图书馆服务模式的被动服务，在已知用户需求的条件下，图书馆会主动地向用户不间断提供服务。

2. 专题社会信息服务

专题社会信息服务是指图书馆根据社会需求提供的信息参考服务。专题社会信息服务的主要工作内容是对各个不同时期、不同领域在工作重点问题、难点问题，以及热点问题进行整理、分析，并以专题报道或者简报的形式形成文献信息资料。这些信息资料通常是为帮助有关单位的领导层级的工作管理人员在做出某些决策时提供参考资料和理论依据。

3. 专题学习服务

专题学习服务是指图书馆开展的一系列学习活动和专题服务。在知识经济时代发展中，为促进社会发展、科技进步，推动学习型社会建设，我国倡导"全民阅读"，各地区也积极开展了"全民阅读"活动。图书馆是开展"全民阅读"的主力军，在国家大力支持、各地区积极配合的环境背景下，图书馆推出了专题学习服务。图书馆的专题学习服务为图书馆创新服务方式、拓宽发展路径、开展图书馆社会化服务提供了事实依据。

4. 大众化服务模式

不同于专题情报服务与专题社会信息服务针对少数需求较高的人群，图书馆开展的大众化服务模式的主要服务人群是普通的社会大众。这部分人群虽然数量庞大，但需求相对简单，所需服务较为单一。对普通的社会大众来说，对图书馆的需求大多是资料查询与文献借阅。图书馆可以在保障文献资料完整保存备份的条件下，根据馆藏情况与服务人员具体能力，适当地开放图书馆，为社会大众提供资料查询、文献借阅等服务。大众化服务模式的开展并不是一朝一夕能够完成的，在逐渐整合图书馆信息资源、实现信息化管理的过程中，图书馆社会化服务就可以慢慢展开，在图书馆社会化服务开始初期，图书馆可以只提供文献借阅服务，再逐渐追加资料查询、信息咨询、知识扩展培训等服务，最终实现图书馆的全面开放。当然，在服务制度上也要跟得上服务发展变化，如借阅发放借阅证和相关借阅记录等实际操作问题。

大众化服务模式是图书馆实现社会化服务的重要方式之一，从服务对象上来看，其几乎涵盖了社会生活的所有人群；在服务内容上，虽说形式还相对单一，但目前为止，能够满足大部分人的知识需求。大众化服务模式同时是推动"全民阅读"活动广泛开展的坚强后盾。为更好地实行图书馆社会化服务，图书馆可以主动走基层、下社区，定期开展知识讲座，将知识送入人们生活工作的各个角落，丰富人们的文化生活，为公民终身教育奉献力量。

5. 在线信息素质教育服务模式

现在是知识经济时代，也是互联网时代，在网络迅速发展、社会科技飞速进步的信息化时代背景下，拥有基本的信息素质是人们想要获得知识、提升自身修养所必备的条件之一。图书馆在提供信息素质教育方面,要结合自身优势,建设并开放网络数据信息平台,积极引导社会大众提高自身的信息素质。为普及信息技术知识和教会大众查询信息的方法,图书馆可以在信息素质教育平台上定期发布和更新信息素质教学内容,主要让大众学会如何检索信息,如何获取文献资料等操作方法和流程。这样一来,人们就可以足不出户地、不受时空限制地自由选择学习内容。学会资料查找的方法后,人们的学习范围、方式将更加广泛,为提升个人的综合素养创造了条件。

6. 搭建校企合作平台模式

高校图书馆是图书馆的主体,图书馆开展社会化服务,高校图书馆担任的角色是不可忽视的。为在激烈的市场竞争中占据优势地位,企业需要拓展发展空间,提高科技含量;而高校需要缓解毕业生就业压力,为学生寻找实践场所,在如此背景下,校企合作方式诞生。通过校企合作的方式,企业可以获得大量高校培养出的科技人才,并可以获得高校的技术支持;高校向企业输送人才的同时,也缓解了毕业生的就业压力,获得稳定的学生实习基地。学校的人才为帮助企业研发新型产品、优化升级已有产品,并使技术不断得到更新,解决企业在生产活动中遇到的科研难题。一方面,高校图书馆可以搭建企业专属档案库,建立校企间有效的合作交流网络平台,实时提供行业信息及市场动态,针对企业需求远程链接校内精品课程,提供电子学习资源、特色数据库、学科与专业导航等服务,实现校企资源共享;另一方面,高校图书馆可以充分调动图书馆工作者的工作热情和积极性,及时跟踪学科前沿,对获取信息进行深度挖掘、分析、整合,研发出更多优质的信息精品,提高企业对市场的快速反应及应对能力。

第三节 图书馆社会化服务的目的及功能

一、图书馆社会化服务的目的与价值

图书馆社会化服务是顺应时代发展,为满足社会需求的、被广大社会群体倡导的图书馆服务形式。图书馆社会化服务有着明确的目标,发展方向是根据我国经济、社会、文化等领域的发展而确定的。图书馆中的公共图书馆服务一直是社会化的,但其服务的开放程度并不大,利用率不高,究其原因是公共图书馆信息资源客观上存在一定的不足,科技资源更新缓慢,管理方式、服务理念落后,为其社会化服务制造了瓶颈。而大部分的文献信息、科技资源掌握在高校图书馆手中。要想全面实现图书馆社会化服务,就不能忽视公共图书馆与高校图书馆社会化服务的开放程度及其重要价值。

（一）图书馆社会化服务的目的

1. 顺应时代与社会需求

当前图书馆社会化服务，在一定程度上可以满足大部分人群的知识需求，为基础社会知识的普及提供保障。但图书馆的资源不够充足，开放程度不能满足部分人群对某些领域专业知识的需要，无法提供高效专业的信息资源服务，加强图书馆社会化服务程度，可以优化信息资源，丰富知识信息资源品类，提高专业水平和文献资料质量，满足广大用户需求的同时，提高图书馆效益，顺应时代发展需要。

2. 满足国民需要

不论是公共图书馆还是高校图书馆，都肩负着教育大众、实现人终身教育的重大社会责任。因此，在社会的需求下，图书馆资源就要相互补充，高校图书馆的开放也势在必行。高校图书馆的开放服务为社会大众解决了公共图书馆资源匮乏的难题，也满足了人们不断增长的文化知识需求，在提高高校的社会地位的同时完成了高校教育大众的社会使命。

3. 促进资源开放性

交流促进发展，高校图书馆的开放在给社会带来丰富的知识资源的同时，也将开放的思想与建设观念融入了高校进一步发展建设中。故步自封、闭门造车的思想只会成为高校发展建设的绊脚石。图书馆开展社会化服务使知识资源向社会流通，知识在不断地流动和被使用中体现了其存在的价值。图书馆社会化服务不仅提供了大量的知识资源，满足人们的知识需求，同时也是推动学习型社会向前发展的助推剂。

（二）图书馆社会化服务的价值

1. 社会价值

高校图书馆社会化服务体现了我国知识开放的本质特性，也反映出了高校管理体制的开发性。高校图书馆社会化服务，提供了学习型社会构建的知识资源条件，实现其作为全民终身教育主体作用。目前，与一些国外的发达国家相比，我国高校图书馆的开放程度还远远不够，尚不能完全满足国民的知识文化需求，所以需要结合图书馆与高校的自身条件，有计划、有目标地逐渐加强图书馆社会化服务程度，促进知识在社会上的流动，提高知识使用效益，为社会创造价值。

2. 资源价值

因教育教学的需要，高校图书馆的藏书丰富，收录更新知识文献的速度也明显高于公共图书馆，且在数量庞大的专家教授、源源不断的高科技人才的支持下，高校图书馆的文献资源不断得到扩充。但是每个高校对图书资源的需求是有限的，图书馆的资源被利用的程度并不高，推行社会化服务，弥补了公共图书馆资源不足，让图书馆的资源得到充分利用，使知识资源效益最大化的同时，避免了资源的浪费。

3. 宣传价值

每所高校都有自己的图书馆，高校图书馆是高校深厚文化底蕴的客观表现，也是教育文化的主要组成部分。在国际高校图书馆推行社会化服务的大环境下，我国高校图书馆就相对保守得多，服务观念还没有得到转变，缺乏开放性服务理念。图书馆社会化是一种发展趋势，是高校全面发展的必然要求。通过图书馆社会化服务，人们看到了高校的教育实力，展现了高校的教学文化和人文精神，无形中让高校在图书馆社会化服务中得到广泛宣传。并且，通过提供社会化服务，高校图书馆也可以发现自身存在的不足，对高校的发展建设起到了一定的促进作用。

二、高校图书馆社会化服务具体功能

（一）有利于创建文明社会

我国倡导公民终身教育，积极开展"全民阅读"活动，就是为了推进学习型社会建设。高校图书馆应担负起"全民阅读"的主要责任，积极开展社会化服务。"全民阅读"活动的顺利展开，可以有效带动全民学习气氛，营造积极学习的环境，同时提高公民的综合素质。高校图书馆是信息的集散地，是信息传播的重要组成部门，应该为社会经济增长、公民素质提供、文明生活建设贡献力量。有些高校图书馆社会化服务，吸引了附近社区的居民，为社区居民提供了阅读条件，丰富了社区居民的文化活动，调动了社会读者参与阅读的积极性，增添了居民生活的文化乐趣，营造了良好的学习生活氛围；还有些高校图书馆向社会读者开放，使得诚信借阅广泛开展，有利于促进精神文明建设。

（二）促进企业良性竞争

高校图书馆是知识资源宝库，应当起到促进社会发展的作用，保证图书馆内信息的及时更新，以及涵盖广泛的知识信息资源，并能够满足企业咨询以保证社会的发展。

在知识经济时代，占有大量生产资料已经不再是企业发展的绝对优势，掌握先进信息才是企业发展的决定性因素。高校图书馆拥有庞大的信息资源和获得最新知识资源的优势，是为企业提供技术支持、科研咨询的保障。为在激烈的市场竞争中保持优势地位，很多企业纷纷寻找重点高校寻求合作，以获得高校的支持，为企业提供最新、最全面的科技情报、社会信息、技术指导。比如，在某企业新产品研发初期，可以通过高校图书馆的社

会信息服务，了解行业信息，分析企业发展形势，最大限度地避免企业在新的领域遇到麻烦。

有些高校在拥有大量的人才，具有较高的科研能力，在一些专家教授的领导下成立科研小组，取得了很多先进的科研成果，但是缺少推广平台。在高校图书馆社会化服务中，可以建立信息平台，将科研成果推向社会，促进项目的开发。例如，中国海洋大学的海洋专业研究委员会，通过图书馆建立的信息平台，为海产品加工企业提供相关研究成果，为科研成果的推行和实际应用开辟了渠道，同时也加强了校企交流与合作。

（三）促进与政府机关合作

政府机关在需要做出一些重大决策时，往往需要掌握一定的社会信息，而原始信息分布在各个领域，收集起来非常困难，不易整合，并且相当的耗费人力。政府部门工作效率的高低对社会发展、经济进步速度、政策实施水平都具有很大的影响。而且政府的一些研究报告、工作总结、生产数据等资料的撰写都需要专业文献信息做参考。高校图书馆聚集了大量的人才，具有较高的数据信息分析整合能力，可以为政府机关提供相关的信息资源支持，促进高校与政府机关的合作。以政府拥有的信息资源结合高校图书馆的信息处理能力，为高校图书馆社会化服务开辟了新的道路，为社会的发展、政府执政能力的提高做出了巨大贡献，减少了政府的工作量，对于未来高校图书馆社会化服务的发展做了良好的铺垫。

（四）地位不断提高

高校图书馆开展社会化服务，加强高校图书馆开放程度是社会各界普遍支持的，受到社会读者的欢迎。高校图书馆开展社会化服务有利于提高高校的声誉和拓展高校图书馆的发展渠道，促进高校同当地文化的交流与融合，在无形中逐渐加强了高校图书馆的社会影响力，为社会文化发展提供了条件。另外，高校图书馆开展社会化服务扩大了服务对象，为满足不同读者的知识需求，图书馆工作人员需要不断补充知识，扩大知识面，提高与社会沟通合作能力和工作效率，这样图书馆工作人员本身的素质就不断得到提升。

第四节　图书馆社会化服务建设

一、图书馆社会化服务的保障机制

（一）政策与法律保障

高校图书馆的社会化服务对高校自身发展、社会人群提高个人素质等都有积极的影响。高校图书馆建立的主要目的是服务于学校教育和一些科研项目。高校图书馆是隶属学校的，高校肩负教化民众的义务，高校图书馆也同样要积极投入社会化服务中，但高校图书馆如果不想参与社会化服务也无可厚非，他人无权干涉。事实上也如此，高校图书馆社会化服务的开展情况并不乐观。剔除高校自身条件限制和其他考虑、相关政策和法律保障的缺失，所以制定相关的政策和法律保障是目前教育机构和政府机构亟待解决的问题。在政策方面，政府部门应该为高校图书馆社会化服务创造条件，并给予政策支持，大力倡导高校图书馆推行社会化服务，鼓励高校师生积极参与社会化服务，为高校图书馆社会化服务提供健康生长的土壤；在法律方面，有关机构应根据我国发展特色和高校图书馆的实际情况，制定关于图书馆的法律法规，从法律层面促进高校图书馆社会化服务的发展。在相关立法中，要明确图书馆的服务内容、开放程度、开放资源等，并要强调哪些设施和资源是可以面向社会大众的、哪些是需要有偿获得的、哪些又是需要图书馆保护的。这样不仅可以保障图书馆社会化服务的顺利开展，也有利于图书馆信息资源的共享，为知识在社会中流通营造了有利环境。此外，相关法律的制定也让高校图书馆在社会化服务中遇到的问题能够有法可依、有章可循。

营造政策和法律保障氛围是高校图书馆实施社会化服务的必要条件。有政策可依，有法可循才能让高校图书馆免除后顾之忧，投入社会化服务建设中，推进社图书馆社会化服务进程；同时，高校图书馆的资源可以得到充分的利用，避免资源浪费，为社会创造更大价值。

（二）人员保障

影响图书馆的管理与发展的关键因素是人，图书馆的工作人员素质决定了一个图书馆管理是否有效、发展是否合理、服务是否符合标准，影响着图书馆的未来。只有图书馆的工作人员自身素质的不断提升，才能更好地发展图书馆，为读者服务。高校图书馆的社会化服务带来的变化是巨大的。第一，服务读者的范围扩大了。原本图书馆只是为本校师生提供服务，开展社会化服务后，面向的服务对象从校内师生扩展到了生活各个领域，服务对象数量骤增，在积极地向校外的读者服务的同时，保证每个读者都能享受到有效服务。第二，图书馆读者需求发生了变化。以往图书馆主要的读者人群是校内师生，他们的阅读需求无外乎教学科研、专业学习。开展社会化服务后，社会读者的需求涉及了生活的方方面面。

在这样的情况下，高校图书馆以往的人员配备显然已经无法满足社会化服务需求，增加图书馆工作人员、提高人员素质是保障读者服务的前提。

在工作人员选拔上，不仅要关注人才对图书管理的专业知识，还有了解掌握现代信息技术和计算机技能。在人才培养上，要定期组织培训、开展知识讲座，优化图书馆工作人员的知识结构、计算机技能，提高主动服务意识。在整体层面上来说，图书馆社会化服务要求有充足的人员配备保障，且每个工作人员要知识广博、熟悉多种学科、掌握有关的信息技术，有为人民服务的主动性和自觉性。

（三）资源保障

文献信息资源是图书馆生存的根本，是社会化服务的基础，充足的馆藏资源才能满足高校图书馆社会化服务进程中大量读者的不同需求。高校图书馆馆藏资源由两部分组成，一部分是纸质的实体馆藏资源，另一部分是以电子技术为载体的虚拟馆藏资源。高校图书馆加强资源保障就要从这两部分馆藏资源入手。第一，增加馆藏。保障图书馆具有充足的馆藏资源，最为直接有效的方式就是增加购买力度。增加购买力度时有一点需要注意，就是不能盲目地扩充。在购买文献资源之前，要针对校内外读者的不同需求，分析所需补充资源类型，根据读者不同需求和数量，按照科学的比例合理购进资源。充足的信息资源储备不仅可以保障高校读者的使用不受影响，也可以保障社会用户的信息需求得到满足。第二，加强资源整合。将图书馆实体馆藏资源与虚拟馆藏资源进行优化整合是图书馆社会化服务的另一重要手段。整合是将尽可能多的不同类型的资源，按照一定的规律，运用知识管理的方法，通过集成、分析、综合的手段，使不同资源形成一体化的有机整体，使高校图书馆的资源利用最大化。不同类型的资源整合，是一种资源内容的整合，而内容的整合也意味着内容价值的增值。资源整合可以方便用户在统一的用户界面上完成对不同类型信息资源的获取和利用，这可以使高校图书馆的社会化服务效能更好、效率更高。

（四）资金保障

"经济基础决定上层建筑"这句话在一定程度上揭示了资金的重要性，资金是保障某些活动得以顺利进行的必要条件。高校图书馆的社会化服务需要图书馆具有相应的基础条件，图书馆的资源储备、技术更新、设备引进、人员配备，以及针对工作人员进行的各项培训都要有资金的保障。但高校得到的财政资金有限，资金来源少，能用于图书馆建设的资金相对地就更加稀少。而且高校图书馆开展社会化服务使读者数量迅速增加，读者需求也变得多元化。资金少、需求大，导致图书馆的供需不平衡，供需矛盾无法得到有效解决。资源供应不足，就无法满足读者需求、为读者服务，那么高校图书馆社会化服务就徒有其表。没有充足资金的保障，图书馆社会化服务就不能落到实处。

高校图书馆可以从以下几方面入手保障社会化服务所需的资金：第一，高校要积极争取政府的支持，预算专门用于高校社会化服务的资源、设施、人员等费用的支出，并以社会化服务的成果说服政府给予更多的财政帮助；第二，经费较充足的高校图书馆，可以在满足校内信息需求的情况下，有意识有计划地抽出一定金额的经费，用以支持高校图书馆的社会化服务；第三，高校图书馆的社会化服务可以以有偿的形式开展，针对不同的服务项目和服务内容收取适合的费用，如高校图书馆面向社会用户的科技查询、专题服务、技术培训等项目可以收取一定标准的服务费，以缓解高校图书馆社会化服务费用的不足，当然这些费用要取之于社会用户，用之于社会用户；第四，高校图书馆可以争取社会各界的广泛捐赠。有了这些途径的资金保障，高校图书馆的社会化服务会更加顺利地进行。

二、优化当前高校图书馆社会化服务建设对策

（一）建设现代化的图书馆资源管理模式

高校拥有众多人才，掌握最前沿的科学技术，高校图书馆应该利用高校本身的技术优势，基于现代化信息技术，将图书馆文献资源集中建设，变革图书馆信息资源管理模式。图书馆可以建立网络信息平台，建设统一图书馆数据库，挖掘网络信息资源，整合网络信息与图书馆信息资源，优化知识结构，完善资源体系，打造高校图书馆丰富的馆藏资源。在网络信息平台上推行社会化服务，为社会读者提供方便快捷的网络图书馆电子资源服务。高校图书馆可以将信息资源数字化、信息化，加大电子设备投入，实现图书馆信息化管理，同时还可以促进知识在网络中的传递、扩散，实现图书馆信息资源共享，加快图书馆社会化服务进程。在图书馆社会化网络服务过程中，高校可以提供先进的数据检索技术与培训视频，让社会读者足不出户地学习新技能、获取新知识；在网络时代背景下，利用现代化技术，有机整合图书馆信息资源，优化高校图书馆的社会化服务模式。

（二）强化图书馆中的社会化服务应用

推行高校图书馆的社会化服务是为了图书馆资源得到充分利用，弥补公共图书馆供给

的不足，满足人们日益增长的文化需求。高校图书馆社会化服务工作的开展对于高校本身有一定的难度，图书馆可以借助社会组织的力量，提升图书馆的社会化公共服务质量，丰富和完善图书馆服务工作内容与方式，满足公众对文化的个性化需求。对于有不同需求、不同层次的社会读者，有针对性地进行图书管理服务，尤其要关注社会中有文化需求的弱势群体，为这类人群得到应有的帮助，享有同等的阅读权利，同时还要保证对弱势群体保持应有的尊重。校际图书馆可以加强合作，互通有无，分享馆藏资源和先进的管理经验，整合优势资源，利用各种现代化信息技术，提升社会化服务质量，丰富服务方式和服务渠道。

（三）建设有特色的社会化服务

首先，在高校图书馆建设过程中，要融入可持续发展的思想，向开放式图书馆方向建设。在优化管理与服务体制中，要积极完善社会化服务体制，建设有特色的社会化服务模式，把传统服务思想转变为开放性、主动性管理与服务，彻底改变封闭式管理服务模式，基于社会化服务思想构建共享的高校图书馆服务平台。在此基础上，构建特色数据库，丰富信息资源的类型与形式，应用现代科技分析整合文献资源，用数字化技术去处理传播特色资源文献，在图书馆社会化服务过程中，提高图书馆资源利用率。其次，在知识经济时代背景下，转变以往只为本校师生被动服务的思想，在图书馆内引入竞争机制，改变管理与服务制度，在图书馆社会化服务实践中，将有偿服务与义务服务相结合，不断拓展新的服务渠道，开拓社会化服务新领域，努力寻找特色服务，如本校图书馆独有的文献资料、优势文化资源、重点优势学科资源等。最后，在高校图书馆社会化服务建设中，积极开展图书馆工作人员的培训工作，提升工作人员的工作能力和综合素质，通过挖掘每个服务人员的优势和潜能提升服务质量、增添服务特色；加强服务人员对岗位的了解，理解为读者服务的真正目的；培养复合型高校图书馆管理人才，完善服务人员知识结构，打造一个高素质的服务管理团队，切实推进高校图书馆社会化服务建设。

第七章 无线网络环境下的图书馆泛在化服务创新

第一节 图书馆泛在化服务

一、图书馆泛在化服务的内涵

图书馆泛在化服务又称为泛在图书馆服务，是一种全新的图书馆理念和服务模式。泛在图书馆的重要意义在于它突破现有物理图书馆和数字图书馆的藩篱，打破人们对图书馆的传统认识，真正从用户及其需求出发，将图书馆的服务融入用户科研和学习的一线，嵌入用户的科研和学习过程之中，用户在哪里，服务就在哪里，图书馆与用户之间的边界越来越模糊。

1. 服务时间和空间的泛在化

图书馆的泛在化服务，要求在空间上和时间上是不受限制的，图书馆的服务不再局限于馆舍实体内，而是融入了人们生产、生活、学习等各个领域。借助于先进的无线网络传输技术，图书馆能够将服务无限延伸到网络覆盖的范围内，无论大城市还是偏远山村的读者，都能够随时享受到图书馆所提供的信息资源服务，自由信息获取成为每位公民平等享有的一种权利。此外，借助于先进的图书馆自动化服务系统，图书馆能够为读者提供7×24小时的不间断服务。

对读者来说，读者在图书馆泛在化服务中能够享受随时随地的学习，而不再被局限在特定的活动场所和特定的时间。借助于各种先进的终端网络设备，读者能够在任何时间、任何地点连接图书馆泛在化服务网络，享受到图书馆提供的信息和知识服务，继续以往的学习活动。

2. 服务对象和服务模式的泛在化

传统的图书馆由于人力、物力资源的限制，往往只在一定的范围内开展服务，如公共图书馆主要服务对象是所在行政区域内的读者，而高校图书馆的主要服务对象则是在校的师生，其他读者未经允许，将无法享受到该图书馆提供的服务，图书馆服务的受众范围很小。而图书馆的泛在化服务将面向更多的人群，通过先进的信息通信技术，图书馆可以将各种各样的信息和知识资源发送给覆盖范围内的读者，服务不再局限于实体馆藏。由于数字化信息的可复制性，图书馆的数字化信息资源能够被重复利用，服务范围可以覆盖社会的各个角落。

传统图书馆服务模式下，图书馆的各项业务活动是围绕着图书馆的服务职能中心展开的，读者通常需要到访图书馆或者图书馆网站才能获取到所需要的信息。而在泛在化服务方式下，读者成为图书馆工作的核心，图书馆将以满足读者的信息需求和学习为主要目的，各种类型的图书馆围绕在读者身边，读者无须到访就能获取所需要的信息。各种类型的图书馆通过建立合作共享机制，将丰富的馆内外信息资源整合起来，提供给读者，最大限度地满足读者的需求。

3. 服务内容的泛在化

传统图书馆的服务主要局限在图书馆物理实体内，以向读者提供纸质和数字化文献信息资源利用为主要服务方式，服务内容较为单一，服务方式较为被动，无法满足读者全范围的信息需求。而在图书馆泛在化服务中，图书馆的服务将不仅仅停留在提供文献信息资源上，而是增加了更多智能化的服务元素。图书馆将可以根据读者所处的环境，及时了解读者的信息需求，为读者推送个性化的信息；读者也可以通过与图书馆服务间的互动，获取到自己所需要的信息。在泛在化服务环境中，本馆收藏的数字化信息将只是图书馆全部数字化信息资源的一部分，图书馆将努力整合互联网、共享资源中心、开放知识库等平台的数字化信息资源，通过对这些信息进行整理、归纳和筛选，去伪存真，最后将整合后的信息提供给读者。随着图书馆共建共享机制的建立，合作图书馆将拥有更庞大的信息资源储备，能够满足读者全方位的信息需求。

图书馆泛在化服务不仅仅为读者提供数字化信息资源，更为读者提供泛在学习服务。随着社会的发展，读者需要用更多知识武装自己，提高自身竞争力，因此更愿意利用各种方式主动学习。随着图书馆泛在化服务的开展，读者将获得更加舒适便捷的学习体验，享受学习过程和成果。读者在图书馆泛在环境中的学习是一种可持续的行为，读者的学习过程、学习资料、学习成果等内容会在不经意间被不间断地记录下来，当读者再次进行学习的时候，这些学习记录能够被再次唤醒，以延续读者的学习活动。泛在化环境中的学习是一种终生的学习方式，让读者真正做到活到老、学到老。

4. 服务手段的泛在化

以往读者需要获取信息资源时，往往需要到访图书馆，通过阅读或借阅的方式获取信息资源。随着信息技术的发展，越来越多的图书馆通过网站、WAP 平台拓展服务，读者可以利用自己的电脑、手机等，在线获取图书馆的数字化信息资源。而随着信息通信技术的发展和各种类型终端设备的普及，读者将可以借助各种各样的终端设备，享受图书馆提供的信息资源服务。例如，在三网融合技术的支持下，杭州市的读者能够通过手机、电视、电脑等设备，访问杭州市图书馆在线提供的服务，信息获取渠道进一步拓宽，信息体验更加丰富。以往图书馆的服务往往较为被动，服务手段单一，而随着基于位置信息的服务技术（LBS）和上下文感知技术等新技术的应用，图书馆将变得更加智能化，能够主动了解读者的信息需求，及时将信息反馈给读者，满足读者的信息需求，从而提高读者信息获取的满意程度。

二、图书馆泛在化服务模式产生的背景

（一）用户需求是图书馆泛在化服务模式产生的动因

1. 读者信息获取方式的改变

以往人们获取信息的途径是分散的，不同的信息需要从不同的途径获取，如各种工具书、词典、图书馆目录等，信息获取难度较大，所需要花费的时间较多，此时拥有丰富馆藏的图书馆成为读者获取信息的绝佳途径，图书馆服务为读者节约了大量的时间和精力。然而网络的出现带来了搜索引擎技术，它应有尽有、无所不包、知名度高、使用简单，迅速成为网络时代所有类型信息的查询入口，图书馆则不再是读者获取信息的唯一途径。

随着网络技术的发展，越来越多的网民学会直接从搜索引擎中获取信息，只要掌握了搜索引擎的基本使用方法，任何人都能很容易地从网络中寻找到自己想要的信息。目前的搜索引擎技术不断升级，具备更人性化的搜索服务，搜索结果也更加精确，因此许多读者将搜索引擎作为信息获取的第一来源，如果能够从搜索引擎中获取到自己想要的信息，则读者将不会选择其他信息获取渠道。与此形成鲜明对比的是，图书馆网站的利用率和图书馆数字化信息资源的访问量却始终较低，大多数读者未能很好利用图书馆数字化资源，造成了大量资源处于闲置状态。

2. 读者阅读习惯的改变

在网络环境的影响下，读者的信息阅读习惯也发生了变化。随着智能手机、平板电脑的普及应用，人们已经无须再拘泥于传统台式电脑和笔记本电脑的束缚，遍布社会的无线网络环境使人们随时随地获取信息成为可能。随着移动终端技术的发展，手机、平板电脑等移动设备的屏幕尺寸和分辨率不断提高，较高的清晰度和处理速度足以媲美传统电脑，为读者的阅读提供了更加便捷的方式。这些便捷的技术条件，促进了读者的阅读习惯的改

变，纸质图书阅读备受冷落，而数字化阅读方式则越来越受到读者，尤其是年轻读者的青睐。

3. 读者信息服务要求愈加严苛

随着当前信息技术的飞跃发展，信息渠道更加畅通，信息鸿沟进一步缩小，上到大中城市，下到普通乡村，读者对信息的需求空前高涨。

在空间上，读者要求随时随地的信息服务，无论是在田野乡村，还是在飞驰的列车上，人们都期望最便捷的信息服务。

在时间上，读者需要24小时的信息服务，传统图书馆的上下班制度显然已经无法满足读者的需求，图书馆必须借助最新的自动化和网络技术，为读者提供全时段的服务。

在服务内容上，读者对图书馆提出的要求，不再仅仅是简单的书籍借阅或者提供信息传递服务，而是要求图书馆能够在最短的时间内，为其提供最丰富的信息资源和知识导航服务。读者希望图书馆数据库提供的信息既能够丰富全面，又能够具备一定的可靠性和权威性，是经过图书馆整理分类，可以被直接利用的第一手信息资源。

在服务方式上，读者对一站式的服务要求越来越高，希望尽可能地减少信息搜索环节，通过简单的检索就能够尽可能多地得到自己想要的信息，并且希望图书馆在他们获取信息上遇到难题时，能够及时提供咨询服务和信息导航，节省他们在信息查找上花费的时间和精力。

（二）读者学习方式转变是图书馆开展泛在化服务的客观需要

在信息技术如此发达的今天，读者的学习方式也相应发生了改变，经历了从传统学习到E-Learning学习，再到U-Learning的学习方式转变。

早期的图书馆读者学习服务，主要以为读者提供丰富的文献信息资源和宽敞明亮的学习环境为主，使读者能在图书馆中安静、舒适地学习，并能够随时获取到馆藏信息资源。而随着互联网的出现，人们更多地借助网络进行学习，许多学者将这种学习方式称作E-Learning。

E-Learning英文全称为Electronic Learning，即电子化学习的意思，包括在线学习或网络学习等概念，它是互联网技术发展到一定时代的产物，主张通过互联网络开展教育应用与实践研究等工作。E-Learning的出现，使得读者借助图书馆服务的学习活动不再局限于图书馆物理实体内，读者可以随时借助网络访问图书馆的信息资源数据库，获取学习资料。然而，E-Learning同样具有局限性，由于技术上的限制，E-Learning缺乏互动性，读者接受E-Loarning的学习方式仍然较为被动，因此它无法完全成为人们主要的学习方式，而只能作为一种辅助的技术手段，提供课堂外的延伸教育，这样的学习方式显然无法完全取代传统的课堂教育。

随着信息技术的进一步发展,出现了一种全新的学习方式 U-Learning,英文全称为 U-biquitous Learning,即泛在化学习。而泛在学习,顾名思义就是指无时无刻的沟通、无处不在的学习。泛在化学习主张无处不在的学习,从广义上说,这种泛在指的是:

第一,学习的发生无处不在;

第二,学习的需求无处不在;

第三,学习的资源无处不在。

一方面,这种泛在学习已经融入了人们的生活,只要愿意,任何人可以通过各种终端设备,如智能手机、PDA、平板电脑甚至穿戴式的计算机来实现学习,这种学习是随时随地、24 小时不间断的,读者可以在需要的时候主动进行学习。

另一方面,学习资源遍布用户所在的各个空间,泛在学习环境中信息空间与物理空间实现了完美结合,人们无须再感知计算机的存在,便能享受其带来的服务,随时随地获取学习资源,进行交流与分享。泛在化学习不再是单纯的计算机应用,而是一种整合的学习环境,它将社会环境、物理环境、信息技术等多维层次融合在一起,使读者可以轻松学习。

在无线网络环境下,泛在化学习成为可能,任何人可以在任何的时间和地点连接图书馆系统,享受图书馆的泛在化学习服务。U-Learning 对图书馆泛在化服务提出了更高要求,它不仅要求图书馆能够为读者随时随地提供海量的数字化信息资源,实现 7×24 小时的不间断服务,更要求图书馆的服务能够主动来到读者身边。当读者在学习过程中遇到困难时,能够随时通过各种途径,得到图书馆的咨询服务和信息导航,及时解决问题。U-Learning 是面向大众的图书馆学习服务模式,它要求图书馆能够考虑到各种读者不同的信息需求,并为他们提供个性化、全方位的服务。

(三) 激烈的信息市场竞争是图书馆泛在化服务模式产生的驱动力

1. 图书馆服务压力增大

当今社会节奏明显加快,信息和知识在社会中的作用越来越重要,读者对信息服务的要求也越来越高,不仅需要随时随地的信息服务,而且需要更高的信息质量保证。图书馆传统的服务模式再也无法满足越来越多读者的信息需求,虽然不少地区的图书馆也通过采取延长服务时间、设置自助图书馆、流动图书馆等方式方便读者借阅和归还书,但是仍然无法满足读者随时随地的信息需求。同时,由于传统图书馆的服务经费有限,无法为读者提供足够全面的信息资源,特别是一些小型图书馆,资源更加单一落后,陈旧、无用的书籍堆满了书架,无法有效提供给读者利用,读者对图书馆有限的服务资源怨声载道。

泛在化技术的出现，将为图书馆服务压力带来极大缓解。一方面，图书馆泛在化服务技术通过建立图书馆间的共建共享机制，能够整合更多的数字化信息资源，提供给读者服务，一些规模较小的图书馆，通过加入图书馆共享组织，也能够获得庞大的数字信息资源，大大节约了经费，实现服务的跨越。另一方面，图书馆泛在化服务在先进信息技术的支持下，能够惠及网络覆盖的全部地区，并以自动化的形式为读者提供资源、咨询、导航等服务，大大缓解了图书馆在人力、物力的不足。

2. 图书馆地位面临挑战

无线网络技术的发展，既给图书馆带来了前所未有的发展机遇，也给图书馆的服务带来更多挑战。

一方面，读者在信息获取途径上拥有更多选择，图书馆成为众多选择的其中一个。无线网络环境下，读者拥有更多的信息获取渠道，读者获取信息的难度大大降低，例如利用搜索引擎技术，用户只需要在搜索引擎中输入相关的关键词，便能够获取到所需要的信息。如此便捷的途径，使读者再也不愿意到传统图书馆中去耗费时间了。

另一方面，各种类型的电子出版物不断出现，使读者的阅读习惯发生了改变，越来越多的读者选择手机、平板电脑等阅读方式，纸质阅读不再受到青睐。

第二节 无线网络的发展及其对图书馆泛在化服务的促进作用

无线网络技术对图书馆泛在化服务的开展具有积极的促进作用，主要表现在以下几个方面。

一、服务范围更广

目前我国的高速无线网络覆盖已经遍布全国，这使得图书馆可以借助无所不在的无线网络环境，将丰富的信息资源和图书馆服务传送到图书馆覆盖的全部地区，即使是偏远地区的读者也能够平等享受到图书馆提供的全方位信息服务。读者将无须再到图书馆办理繁杂的借阅手续，而只需要一部可以访问图书馆网络的终端设备，便可以享受到图书馆提供的服务。

二、服务内容更加丰富

在无线网络环境中，图书馆提供的服务更加多样化。随着手机、平板电脑等终端设备越来越智能化，具备更多的功能，图书馆将可以借助这些终端设备，了解读者的信息需求和兴趣爱好，并主动为读者提供个性化的信息服务，满足读者工作、生活等全方位的信息需求。随着无线网络通信技术的进一步发展，无线通信能够提供更大的带宽，提供更大容量的数据传输能力，各种文字、图片和多媒体信息都可以通过无线网络直接到达读者的移动终端设备上，使读者能够随时享受到丰富的图书馆服务。

三、互动性更强

图书馆泛在化服务不仅鼓励读者利用信息，更提倡读者分享自己的信息。在 web2.0 技术的支持下，读者不再仅仅是信息的浏览者，同时也是信息的制造者。读者不再是被动地接收已有的信息，而是把自己所知道的、所了解的信息分享到互联网中，供其他读者借鉴。在 web2.0 思想的指导下，论坛、博客、微博、在线问答等丰富的网络应用越来越多，给人们的信息获取提供了更多途径。在无线网络技术支持下，读者的互动与交流活动将随时随地发生，在这种情况下，图书馆可以通过建立各种读者互动交流平台，为读者提供畅所欲言的舞台，吸引更多读者前来参与信息分享和学习交流等互动活动，活跃图书馆的学习氛围，促进读者更好地完成学习。

四、服务效率更高

在无线网络环境下，图书馆将采用更多自动化技术为读者服务，并通过无线网络将服务传递给读者。图书馆的自动化技术，能够自动为读者提供数字参考咨询服务、学科导航服务，而读者需要做的，就是用手中的移动终端设备享受服务。在无线网络的支持下，图书馆读者可以随时发出自己的服务请求，或者向图书馆咨询某些方面的问题，图书馆的读者服务模块接收到读者的请求后，将及时处理读者的问题，并在处理完毕后通过无线网络反馈给读者。随着无线网络技术的发展，读者与图书馆之间的信息交流将不再局限于简短的文字信息交流，读者能够获取到更多图书馆提供的数字化信息导航，并通过在线阅览或下载等方式使用这些数字化信息资源。

五、提高图书馆资源利用率

传统图书馆提供的服务大多局限在馆舍实体内，读者必须到访图书馆才能够获取到自己想要的信息。由于时间、交通、借阅手续等因素影响，有些读者不愿意到访图书馆，转而使用搜索引擎等其他途径获取信息资源，这样一来，导致大量图书馆资源无法被有效利用，沉睡在图书馆中。而无线网络的普及，将重新唤醒读者对图书馆服务的需求。图书馆可以通过提供一站式信息检索平台、在线咨询导航等服务，使读者可以很容易的搜索到自己所需要的信息，并进行阅读和下载，实现资源的有效利用。相比搜索引擎，图书馆提供的数字化信息资源服务将更加全面，更具权威性，能够得到读者广泛的认可。随着图书馆利用方式越来越便捷，将有更多读者青睐于图书馆提供的无线泛在化服务，图书馆资源的利用率将得到进一步提升。

第三节　无线网络环境下图书馆泛在化服务系统的构建

一、无线网络环境下图书馆泛在化服务系统的体系结构

（一）无线网络环境下图书馆泛在化服务的目标

在无线网络环境下，泛在化服务已经基本具备了技术基础，技术不再是实施的难题。随着我国无线网络技术的发展，我国城乡90%以上的地方基本上具备了无线高速网络访问条件，图书馆的服务范围足以扩展到城乡社会的各个角落。借助于网络技术，图书馆的服务将融入读者学习、工作、生活中，为读者提供更高效、更便捷的知识管理平台，让读者感觉图书馆的服务就在身边，在整个信息获取的过程中享受图书馆服务就像一种无意识的行为，读者完全融入了图书馆提供的服务环境中。在无线网络环境下，图书馆提供的泛在化服务将实现以下几个目标。

1. 公平性

图书馆的泛在化服务是一种公平性的服务，每位读者都有获取公平信息的权利，用户只有获取服务方式的区别，而没有获取内容的区别，不论是一般读者还是弱势群体，都能够公平地享受图书馆提供的服务。借助无线网络环境，图书馆的服务可以遍及城乡的各个角落，即使是在田间地头工作的农民，也能够随时通过终端设备，访问图书馆的信息资源，信息真正被每个人所公平享有。尽管由于法律、政策和技术等方面的限制，目前图书馆开展的泛在化服务仍有一些局限性，往往只能先少数地区试行，尚无法普及到更大范围，但是相比传统的馆内服务，这种服务模式已经有了较大的发展。我们期待，随着政策的放宽和政府扶持力度的加大，图书馆的泛在化服务范围将进一步扩大。

2. 便捷性

图书馆的泛在化服务可实现7×24小时不间断服务，不管读者走到哪里，他们都能够在无线网络覆盖的任何地方，随时借助各种网络终端设备访问馆藏资源，及时获取信息，

解决遇到的问题。目前的无线网络设备，如手机、平板电脑、PDA等掌上移动终端已经设计得越来越精致，更加便于携带，读者可能同时拥有一种或者数种可以连接网络的移动终端设备，并且可以利用任何一种终端设备进行信息获取和学习活动。在科技发展的今天，移动终端设备被嵌入各种家居用品中，被装进每个人的衣服、口袋、钱包中，甚至被嵌入墙壁、桌子中，更多富有创意的终端设备也正在不断出现，如微型投影终端、可穿戴式终端等，这些设备能够随时随地连接无线网络。各种终端设备正在融入人们的生活，成为生活中不可缺少的一部分。

3. 互动性

在泛在化服务环境下，读者的学习不再是个人单独的学习，而是融入山图书环境中，读者可以参与各种学习组织，与其他人一起学习，获得其他人的帮助和指导，并进行知识共享、学习资料共享等。泛在学习是一种社会化的学习方式，读者不仅获取知识，同时也与他人分享自己的学习经验，在这个过程中，图书馆提供了良好的交流沟通平台，使互动学习能够有效开展。不仅如此，读者在互动过程中所产生的交流记录，同样也是一种宝贵的经验知识，如果能够很好地利用好这部分经验知识，将能够为其他读者的学习提供帮助。

4. 个性化

在图书馆泛在化服务中，图书馆将不再是被动地等待读者上门，以相同的模式为读者提供服务，而是将根据每位读者的不同信息需求，定制不同的服务内容。图书馆泛在化服务中的上下文感知系统，使图书馆能够查看读者的信息获取记录，了解到每位读者不同的学习需求和学习习惯，并结合读者的位置、职业、工作环境等信息，通过推送、辅助导航等方式，主动为读者提供知识信息服务。

在图书馆的个性化信息服务中，读者也可以根据自己的喜好，定制相关的信息，制定信息推送的方式。图书馆在获取到读者的信息需求后，将自动搜索相关信息资源，并通过信息加工，组织成符合读者需求的知识资源，并通过网络及时发送给读者，读者可以随时随地获取并利用这些资源。

（二）无线网络环境下图书馆泛在化服务系统的体系结构

图书馆泛在化服务体系主要由数字信息、资源、信息技术服务平台、通信信道、终端读者等几个部分组成。

在数字信息资源方面，图书馆泛在化服务的数字信息资源主要包括本馆数字资源、合作图书馆提供的数字资源、外购的数据库资源、数字信息共享平台资源、经过整理分析的互联网资源等几个部分，图书馆将利用数字信息技术平台收集、整理和分析来自各方面的数字信息资源，建立资源间的索引关系，并提供给读者利用。

图书馆的数字信息技术平台，则由云计算中心、物联网平台、上下文感知子系统、LBS位置服务子系统、读者服务子系统等几个部分组成。云计算中心将为图书馆提供庞大的数据库存储空间和强大计算能力，为图书馆的信息处理提供支持。物联网平台则能够实时记录图书馆资源及读者的信息，如书籍位置、书籍借还状态、读者借阅需求等信息，协助图书馆的管理，使图书馆管理更加有序、快捷。上下文感知子系统将分析读者的信息需求，并主动为读者提供信息资源服务，它还能自动记录读者的学习信息，使读者能够随时随地继续上次的学习活动，从而实现终生学习。LBS位置服务子系统将告知图书馆读者目前所在的位置信息，使图书馆能够了解读者的位置，并采取相应的措施，为读者提供服务。读者服务子系统则采用自动化工作流程，使读者能够24小时享受图书馆的服务，例如图书馆的检索服务、资源导航服务、虚拟咨询服务等。在图书馆数字信息资源平台的支持下，图书馆将变得更加智能化，能够为读者提供更加个性化的服务。

网络是图书馆开展泛在化服务的重要渠道，图书馆将借助电信网、广播电视网、互联网等渠道，将读者的信息需求及时反馈给读者，通过无所不在的通信网络，图书馆可以将信息随时随地传送给读者，使读者获得无所不在的学习体验。对于读者来说，图书馆所提供的技术都是透明的，读者无须了解图书馆的各种系统服务是如何运作的，而只需要告知图书馆自己的信息需求，图书馆便能够及时将信息传送给读者。

二、图书馆泛在化服务系统数字信息资源的建设

在无线网络环境中，读者的信息需求更加严苛，图书馆要想开展泛在化服务，就必须有能够满足读者信息需求的数字馆藏，传统的图书馆数字化信息资源来源主要有馆藏资源的数字化和数据库外购两种渠道，而在图书馆泛在化服务中，图书馆除了通过以上两种方式增加馆藏外，还应当整合更多渠道的信息资源来丰富馆藏，节约有限的经费。泛在化服务环境下，图书馆可以采用以下方式丰富数字馆藏。

（一）组建图书馆联盟，实现图书馆数字信息资源的共建和共享

传统图书馆的馆藏资源分布较为分散，每个图书馆的资源独立自成体系，面向各自服务范围内的读者开放。由于经费、数据库容量等限制，每个图书馆的数字馆藏资源都相对有限，无法满足全部读者的要求。在无线网络环境中，图书馆泛在化服务所面向的读者更多，读者类型更加多样，传统图书馆的数字馆藏资源已经无法满足读者的需求，因此，图书馆必须采取措施，丰富自己的馆藏资源。通过建立图书馆联盟，共享数字化馆藏资源是一种极为方便的做法。

首先，数字化馆藏信息共享可以大大丰富每个馆的馆藏资源。如果将图书馆比喻成水，则每个图书馆都仅仅像一滴小水滴，无法发挥大的作用，而如果将这些水滴汇聚起来，变成江河，则将积聚更大力量。图书馆数字化馆藏资源也是如此，一个图书馆再努力也无法在短时间内收集到大量数字化信息资源，而通过合作，共享人力、物力资源，将可以使图书馆在短时间内提升数字化信息资源总量，满足读者需求。因此，图书馆间的合作成为图书馆开展泛在化服务的一个必然要求，图书馆既可以在合作中贡献自己的力量，同时也通过共享获得更多的馆藏资源。

其次，在无线网垄环境中，图书馆的服务边界将越来越模糊，以往图书馆独门独户、各自为政的局面将面临挑战。无线网络环境下，图书馆的泛在化服务将不仅仅局限在一个部门或者一个行政区域中，而是延伸到无线网络覆盖的所有区域。在图书馆泛在化服务中，读者对图书馆一站式的服务要求越来越强烈，读者总是希望能用最简单的途径获取到自己想要的信息。在图书馆数字化馆藏合作中，

图书馆的馆藏资源虽然分布在每个图书馆各自的数据库中，但又可以通过一个统一的信息检索平台提供给读者利用，让读者在图书馆中的信息搜索操作如同搜索引擎操作一样简便。

最后，馆藏数字化合作有利于缩减经费开支。一方面，通过加入图书馆联盟，图书馆之间能够形成一个统一体，在进行图书采购、数据库采购等方面，可以以联盟的形式与书商、服务商进行谈判，降低采购的价格，同时使这些资源的使用范围能够进一步扩大到所有成员馆中。另一方面，通过数字化馆藏合作，图书馆可以共享技术资源、数据库资源、平台资源等公共资源，避免资源的浪费和重复开发，节约图书馆成本，将更多资金投入馆藏建设和读者服务中。

（二）利用开放存取资源提高馆藏质量

信息资源开放存取已成为近年来图书情报界、出版界、整个学术界乃至政府机构关注的热点之一。开放存取文献是指 Internet 上公开出版的，允许任何用户对其全文进行阅读、下载、复制、传播、打印、检索或链接，允许爬行器对其编制索引，将其用作软件数据或用于其他任何合法目的，除网络自身的访问限制外不存在任何经济、法律或技术方面的障碍的全文文献。开放存取运动鼓励科技界、出版界、学术界等社会各界都参与到信息资源的建设中来，最大范围地收集一切有用的信息资源，并通过网络免费供所有用户利用。在开放存取运动的带动下，近年来，国内外许多科研机构纷纷建立了自己的机构库平台，并通过这一平台共享自己组织内部的科研成果，供所有读者利用。机构库简称 IR，是一种分布式的开放式信息存取数据库，用于本部门的学术成果的收集、储存、利用，目前它已经

成为开发存取运动的主力之一。由各种科研院所、出版社、高校建设的机构库,数据分布在这些单位自己的服务器上,机构库中的数据信息由各个机构的作者自己上传、存储和提供利用,每个机构库既独立成单位,又能够通过网络与机构库数据统一检索平台相连接,实时将每个独立机构库的资源目录传递到检索服务器汇总,这样一来,世界各地的读者需要检索机构库中的数据时,只需要通过统一的检索平台系统进行检索,系统便会将读者需要的数据信息罗列出来,并将 CRL 路径告知读者,指引读者访问独立的机构库,获取全文信息。

由于开发存取平台中所提供的信息资源都是免费的,而且没有版权保护和技术限制等障碍,因此图书馆可以通过加入开发存取平台,共享平台中的信息资源,并提供给读者利用。对图书馆来说,这部分资源是十分"安全"的,因为开放存取平台中数据大多分散存储在各个机构库中,而不是存储在图书馆的数据库中,图书馆并不拥有这些资源的所有权,而只是通过 LRL 的形式为读者提供资源路径导航服务,因此即使作品存在版权问题,图书馆也无须为此承担责任。

(三) 读者与图书馆互动共建知识库

在泛在化服务中,读者的信息需求更加多种多样,单纯依靠计算机自动化技术未必能够圆满解决读者的问题,同时由于泛在化服务面向的读者更多,图书馆员也无法在短时间内同时满足所有读者的信息需求。为此,图书馆可以引入一种读者互助机制,通过促进读者互动,充分发挥出读者的智慧。在泛在网络中,图书馆不再是信息和知识的唯一创造者,泛在化服务要求有更多人参与到知识的创造和共享中。在即时通信如此发达的技术环境下,图书馆可以建立一个能够提供给所有读者参与和建设的知识库平台,在图书馆知识库平台中,所有合法读者都能够在平台中提出问题,或者回答其他读者的问题。当读者提出问题时,图书馆知识库平台将把读者的请求发布到图书馆知识库交流平台中进行讨论,让所有的读者都能参与到问题的讨论和解决,读者可以畅所欲言,分享自己的相关经验,为提问者提供帮助。当提问者得到满意答案后,将告知知识平台自己已经得到答案,知识平台将结束问题,并将问题设置为已解决状态。图书馆知识库平台不仅拥有问题讨论功能,同时拥有一个庞大的后台数据库,当问题被成功解决后,图书馆将能够记录下每个问题的解决情况,并提供给其他读者参考借鉴。图书馆应当建立一定的奖励机制,对提供帮助较多的读者给予奖励,保护他们回答问题的积极性。

图书馆知识平台有点类似于百度提供的"百度知道"服务,不同的是,图书馆知识平台提供的不是商业化的问答环境,也不是传统的经验式问答平台,图书馆知识平台将主要面对知识本身,有更多的图书馆知识管理人员参与其中,为读者提供权威的知识管理,能够及时避免错误的信息对读者造成的错误引导，联合更多的数字化馆藏资源，提高读者知识需求的正确性、权威性。

三、图书馆泛在化服务系统人才队伍的建设

现代信息技术的发展，使图书馆的业务流程发生了一些改变，相应地许多原有的职能部门或重组合并，或成立新的部门。例如，如今大多图书基础工作，如贴磁条、贴书标、期刊装订等都采用外包的形式完成，使传统图书馆采编和流通工作量大大减少，因此，很多图书馆都将这两个部门进行了整合，腾出更多人力物力为读者服务。另一个变化较大的部门就是"自动化部"或"信息技术部"，随着图书馆数字业务信息的增多，许多图书馆对这一部门进行了重组，有的直接改名为"网络部"等，更多的图书馆是对该部门的业务流程进行了重组，增加了人手，也赋予其更多的任务。传统的图书馆信息技术部门主要对图书馆的计算机设备等进行维修与维护，而无线网络环境下的信息技术部门将把更多的精力投入新技术的引进和应用中。

在无线网络环境下，图书馆服务范围更广，服务的专业性和技术性更强，图书馆员的业务范围将不再局限于馆藏实体内，因此，图书馆的泛在化服务需要更专业的人才队伍，以保障图书馆信息资源建设和服务的顺利开展。图书馆泛在化服务专业人才需要具备以下能力。

（一）信息技术能力

图书馆泛在化服务需要图书馆员具备基本的信息技术基础，能够熟练运用各种图书馆泛在化服务技术，如无线通信技术、计算机技术、传感器技术等为读者服务。在信息技术发展如此迅速的时代，图书馆专业人员应当对信息技术的发展具有前瞻性，能够把握信息技术的发展动向，并将其及时引入图书馆泛在化服务的建设中来，丰富图书馆的服务。图书馆在进行人才队伍建设的时候，应当注重引进具备图书馆基础知识和计算机技术专业的复合型人才，使这些人才既能够了解图书馆的服务理念、服务方法，以读者为中心为读者开展服务，又能够助先进的信息技术扩展图书馆的服务，提升图书馆的服务质量。

（二）信息资源整合能力

随着网络技术的发展，网络信息资源日益庞大，然而并非所有网络信息资源都能够被读者直接利用。图书馆作为读者获取信息资源的可靠平台，必须保证其为读者提供的信息资源具有可靠性和权威性。因此，图书馆泛在化服务中，要求图书馆员能够收集、整理、加工各种图书馆数字化信息资源，对信息资源的获取渠道和信息资源的质量加以判别，并

能够借助信息手段和读者评价机制，筛除错误资源和知识含量较低的资源，最终提供给读者利用。图书馆泛在化服务需要大量可靠的数字化信息资源，建设好庞大的信息资源库，为读者提供更多数字化信息资源也将成为图书馆员的重要职责之一。

（三）泛在化服务能力

在无线网络环境下的图书馆泛在化服务中，图书馆员的服务范围不再仅仅局限于图书馆物理实体内，而是延伸至网络能够覆盖的全部区域，因此，图书馆员应该具备为远程读者服务的能力，能够及时解决读者利用图书馆过程中遇到的各种问题。不仅如此，图书馆员还应当适时走出图书馆实体，到社会中主动收集读者需求信息，了解读者利用泛在化服务过程中遇到的各种问题，分析泛在化服务开展过程中的不足，并将其作为未来图书馆泛在化服务改进的重点，以更好地满足读者的信息需求。

第四节　无线网络环境下图书馆泛在化服务

一、面向大众教育的学科信息导航服务

（一）学科信息导航服务发展概述

学科导航服务属于图书馆数字参考咨询服务的一个分支，其目的是为泛在的图书馆读者提供知识信息导航，然而，在图书馆泛在化服务中，图书馆学科信息导航有更深刻的含义，它将面向大众，为各个学科的读者提供知识信息导航。学科导航作为一种网络学术资源的深层组织模式，具有专业性、学术性、集成性、知识性与可靠性等特点，现已成为高校师生获取和利用网络学术信息的有效手段，学科导航资源已是图书馆信息资源建设体系中虚拟馆藏的重要组成部分。

通过分析可见，目前国内大部分的学科导航几乎只针对特定的群体开放，如高校、科研单位等，只有这些单位的读者才能访问数字馆藏资源，而其他用户只能望洋兴叹，学术信息需求难以得到保障。

（二）面向大众教育的学科信息导航服务平台的构建

不仅是高校师生和研究单位的工作人员对学科信息有所需求，一般读者在生活、工作中同样需要学科信息服务的支持。但目前的情况是，由于面向大众的学科信息导航服务平

台尚未建立,只有高校或科研院所的用户才能够得到相关的学科信息导航服务,这制约了学科信息服务向公众开放的步伐,不利于图书馆泛在化服务的开展。在无线网络环境中,读者的学习需求是随时随地产生的,如果没有加以指引,读者将在庞杂的数据中迷失方向,因此,图书馆应该借助于先进的网络通信技术,将面向大众的学科信息导航服务作为泛在化服务的一个重要组成部分开展服务。

1. 建立学科信息导航平台

门户式的学科信息导航平台是读者获取知识的重要窗口,图书馆应当通过层层细化的方法,借助于《中国图书馆分类法》等分类目录,将海量的数字化馆藏资源合理分类,形成有序的资源队列,使读者能够依据从大类到小类的原则,层层深入获取到自己所需要的信息。除了以上的传统做法外,图书馆还应当根据读者信息需求的变化,结合搜索引擎数据,动态开辟出一些特色信息导航,使读者能够最快获取到所需要的信息。例如,云计算问题的研究是目前学术界的热点,读者的搜索量巨大,图书馆可以通过数据分析,了解哪些云计算信息是读者下载或者阅读量最大的,并参考读者的读后评价指数,将最有用的信息聚合起来,专门开辟出独立的导航路径,使读者能够在最短时间内获得全部热门信息。

2. 设置虚拟学科馆员

在传统图书馆中,学科咨询馆员通常由资深的馆员担任,为各个不同学科的研究者提供准确的学科信息咨询。而在无线网络环境中,读者的信息需求巨大,而且是随时随地产生的,传统的馆员服务将无法满足所有读者的需求,此时虚拟咨询馆员的出现将能够缓解这一难题。虚拟学科馆员是一种借助泛在化计算技术,拥有庞大学科知识库,能够及时为各类型读者提供学科信息资源导航的一种图书馆虚拟服务。虚拟咨询馆员将利用上下文感知技术,及时了解读者的信息需求,并通过进一步的问答,筛选归纳出读者想要获得的详细信息,及时反馈给读者。

与传统咨询馆员相比,虚拟馆员不再有阅历、知识容量等主观因素限制,能够通过即时的服务处理和数据库检索,马上为读者调取出符合读者需求的知识信息。虚拟学科馆员将可以根据 LBS、上下文感知系统所了解的读者信息和学科背景,有针对性地为读者开展服务。例如,针对学生读者,虚拟学科馆员能够根据学生读者的专业背景和研究课题,及时为学生读者提供该专业目前的热点研究方向、研究进展、核心论文等学科导航服务,让读者能够第一时间了解学术动态,从而有效开展学习研究。针对农民读者,虚拟学科馆员则可以根据农业时节安排及农民耕作作物的种类,及时为农民读者推送相关的农业科技信息、病虫害信息以及市场信息,使农民在田间地头也能及时享受到图书馆的服务。泛在化服务网络中的虚拟学科咨询馆员拥有更多的资源调度能力和分析能力,借助于先进的信息分析技术和自动化技术,虚拟学科咨询馆员将能够有效地开展工作。

3. 建立读者评价体系

图书馆泛在化服务十分重视每位读者的参与，同样，每位读者可能都是某一学科的专家，对某一类的资源有自己独到的见解。现有的技术条件下，很难实现图书馆对文献信息的自动优劣判断，更无法自动筛除读者不需要的信息，而读者评价体系的出现将弥补这一缺憾。在图书馆泛在化服务中，图书馆应当建立资源评价机制，使图书馆在向读者提供馆藏信息资源的同时，也能够得到读者对资源的情况的客观评价。评价将以文字评论或者打分的形式，对图书馆被动或主动提供的资源进行评估，经过评估，每一类信息资源中好评度或者得分较高的信息资源，将优先提供给其他读者利用，而得分较低的信息，将排列在资源列表的末端，甚至被剔除出馆藏资源，这样一来，通过筛选的优秀信息资源将能够及时推荐给读者，减少读者信息选择的迷茫。

二、面向信息弱势群体的信息无障碍服务

图书馆开展的泛在化服务将覆盖全部群体，不论是普通读者还是弱势群体，都能够在图书馆的泛在化服务中公平的享有信息使用权。传统图书馆往往通过基础设施建设，为弱势群体到馆访问提供便利，以满足弱势群体的信息服务需求。

而在无线网络环境下，这些弱势群体再也无须大费周章到图书馆借阅信息，而只需要通过图书馆的网络平台获取自己需要的信息资源。

在无线网络环境下，图书馆应当考虑如何改进服务平台，为弱势读者服务。如针对老年人，图书馆的网络平台应该能够设置大号的字符显示，使老人们能够清晰地阅读这些信息；针对儿童，图书馆提供的信息能够被自动标注上拼音，方便儿童的学习；针对盲人或者弱视患者，图书馆能够采用语音导航的方式，为他们提供服务。这些为弱势群体服务的技术已经成熟并在很多领域得到了应用，技术实现并不困难，图书馆面临的不再是能不能做，而是想不想做的问题。对弱势群体的服务是当前图书馆泛在化服务的研究热点之一，并已经在全球许多地区开展实践。在我国，中国盲人数字图书馆、中国残疾人数字图书馆等数字图书馆项目都已经开始为盲人等残疾人弱势群体展开服务，服务内容涉及语音图书、音乐欣赏、学术讲座等方面，而且内容不断完善、服务不断进步。

第八章 图书馆信息化管理服务创新策略

第一节 图书馆增值信息服务

一、图书馆是文献信息增值系统

图书馆拥有数量庞大的文献信息资源，它是社会中获取文献信息资源的主要场所。而图书馆的一大功能即文献信息资源的增值。

(一) 图书馆是文献信息中心

如今社会经济发展迅速，我国的图书馆在规模上逐年扩大。除此以外，我国还有许多虚拟化的馆藏。从这些数据可以看出图书馆在当今社会中文献信息系统的领先水平与中心地位。

(二) 图书馆是文献信息的整序中心

经过整理排序，两个或三个文件从一个文件中可以再生，并参考书目、文摘、索引、摘要、评论和专题资料汇编等。图书馆将文档视为一个较为容易获取信息资源的组织和处理的文件。攻克图书馆文献信息转化的障碍，为其组织加工，创造条件，实现文献信息的增值。

(三) 图书馆是文化信息的增值中心

在信息时效内，信息可以重新使用和消费，从而增加了潜在的价值。图书馆是真正的潜在增值的转变，在很大程度上是其存在的意义和作用。文献信息的增值和图书馆服务的人的数量等因素有很大联系，与客户自身素养、文献本身价值、信息整理排序的深度等成正比。文献信息增值融会贯通于信息采访、处理、传输、应用等环节，更体现在整个图书馆事业中。图书馆的建设是国家的经济和节约成本的应用。对文献信息进行提供，承包商文件的信息，不仅不会减少信息量，还会增多。读者和馆员使用文献信息以后，知识和财富越来越多，越来越多的精神产品产生于信息社会中，我们将继续不断增加文献信息总量，图书馆提供文献信息库的概念、系统、服务等方面的便利，将文字中信息具有的所有潜在价值转化为现实。

二、图书馆信息增值服务的类型

（一）按信息服务资源类型划分

可分为馆藏文献信息增值、数据库信息增值、网络信息增值、信息咨询分析增值。

1. 馆藏文献信息增值

图书馆具备的基本服务平台就是馆藏文献，通过文献信息把具有实用性的专题信息筛选出来，使相对静态的信息转化成相对动态的产品，从而让用户享受到信息增值服务。

2. 数据库信息增值

文库内容不断扩大，信息量增加，因此信息产品也趋向多样化。各种各样的数据库也变成当今信息检索中一个重要的分支，是用户查询信息必不可少的来源。

3. 网络信息增值

网络信息增多，内容多样，出新速度快，传播方式多，用户可以简单快捷方便地获取所需信息。这无疑为网络信息增值开创了广阔天地。

4. 信息咨询分析增值

随着信息时代向我们走来，用户对信息查询解析需求更大，信息查询解析有许多查找源来查找信息，再对这些信息进行剖析、结合、简化等操作，以产生新信息。

（二）按文献信息增值与社会需求关系的角度划分

可分为静态文献信息增值服务、动态文献信息增值服务。

1. 静态文献信息增值，指文献信息的静态增值

静态文献信息的内容被固定，不再容易改变，是相对静止态的。比方说绝大部分被印刷出版的书籍报刊。从相对静态的信息着手更有利于检索的创新开发，即静态式开发。

2. 动态文献信息增值，其分为动态文献信息的增值、文献信息的动态式增值

动态文献信息，指拥有可以映射出最新状况的内容，将其固定于载体，更新快，相对动态的文献信息。比如市场上的最新信息快报、网络股市行情等。动态式增值以满足用户要求为前提，对信息筛选加工而产生符合消费者需求的，从而使信息增值。

(三) 按信息服务层次划分

可分为传统信息增值服务、知识增值服务。

第一，传统信息增值服务，指对信息筛选加工然后提供给用户。这类传统信息增值服务以信息加工传递为重要部分，寻找符合的信息为核心，增值能力受限。

第二，知识增值服务，指对信息筛选加工再结合以创新，从而使信息更容易被理解并使用，还能满足用户需求。知识增值服务中对知识的发现、转变与创新是核心，增值潜能高。知识增值服务在现代信息服务中有广阔前景。

(四) 按以信息服务者提供的信息对用户所产生影响的时间不同划分

可以将信息增值服务分为时效型信息增值服务、积累型信息增值服务、启迪型信息增值服务。

第一，时效型信息增值服务，指提供能够被当前工作利用的信息，完成信息服务的增值。

第二，积累型信息增值服务，指提供的信息是不能被马上利用，但以后也可能被利用，可以先积累以增加其以后的价值。

第三，启迪型信息增值服务，这类服务会对获取信息的用户产生知识、视野、思想等方面的影响。和上面两种服务不同的是，此种服务在当下不会产生巨大的效益，但对未来信息增值有一定影响。

(五) 按信息加工的难易程度划分

可分为简单信息增值、复合信息增值、综合信息增值服务三类。

第一，简单信息增值服务是指图书馆把获取的文献信息资源只是简单加工处理，再根据用户需要提供给用户。比如，将信息简单处理后就提供给信息接收者。

第二，复合信息增值服务是指图书馆把所获取的信息经过简单的处理、整理、结合，编写成文摘，为用户提供二次、三次文献的服务。

第三，综合信息增值服务是指图书馆根据用户的需求，用专业的知识、技术、信息和先进的方法搜索、解析、深入研究、整合信息，以提供符合要求的信息服务。

(六) 按信息加工深度划分

可分为传统的信息增值服务、深度的信息增值服务。

1. 传统的信息增值服务

从很久以前，图书馆就开始通过利用馆中的文献来合成用户所需要的信息。比如专业术语、图书目录等数据，但是缺少了动态性数据库，也缺少一些新型数据库。

2. 深度的信息增值服务

即成立了一个特别的数据库。成立特色数据库是图书馆信息增值的重要途径。特色数据库就是整合挖掘信息资源，从而可以增加信息的价值，因此，图书馆基于数据集的特征，根据其实际情况收集和组织信息，在相应的深化和深加工发展基础上，用不同的信息资源建立专题数据库，为专业特色的地区和单位形成独特的电子和信息产品。

信息咨询分析是允许用户信息的深加工产品，如数据收集和筛选一般按照用户的需求，然后通过系统化、逻辑、数学模型等科学方法，深入开展分析，获得真实的、有用的信息、实现信息的价值。

（七）从信息增值作用或效果是否直接来划分

可分为显性信息增值服务和隐性信息增值服务。

第一，显性信息增值服务，指获取信息者在获得的信息作用下，也会收获显著的社会效益或经济利益，信息增值结果显著。

第二，隐性信息增值服务，指获取信息者拥有的信息对自身产生了更为正向的价值效果，影响其价值观、品德、思维、智慧等。例如，图书馆运用远程教育使信息获取者的心理和教学信息相互影响，从而产生心理与知识上的同步反应。这属于正向增值，含有很大潜能，激发这种潜力就是信息增值，这种服务不会产生明显的利益，但对未来有极大的利益潜力，它的增值将在未来实现而不是现在。

三、图书馆信息增值服务的模式

现在社会是信息化社会，图书馆内的信息服务也要与时俱进，顺应时代发展需求，逐渐将重点从简单服务转化为信息增值服务。图书馆也要顺应时代变化，改变自己，如内部结构、运作程序、人员分配与管理方式。以下为信息增值服务相关的四种模式。

（一）个性化全程服务模式

这是为用户提供非常个性化的服务过程，并在此过程中和用户不断地沟通和合作的信息增值服务。目前社会要求此服务更加精致，用户不再满足一般服务，要求提供与信息服务相关的解决方案，但需要高质量的信息，或要求相结合的专业知识在某一领域或分散在多个相关领域获取有用的信息。这些服务凝聚了知识、经验、心力、智慧等，是更高层次的服务。服务要求员工具有高水平的信息服务能力，全神贯注于过程，不仅是解决问题的过程，也是对用户的需求分析。因此，员工必须参与决策过程和用户的解决问题，建立系统的文件系统和责任，为特定用户提供服务的整个过程中，工作人员和用户继续沟通和交流的每一个及时的反馈。根据特定用户的需求将其集合在一起，在提供全面服务和交互信息的基础上，采集、分离、加工、创新，结合使用。

（二）团队服务模式

因为服务是为了解决问题，而且用户不同使得涉及的专业更广泛，甚至有一些用户在越来越多的领域更专业，所以要求其有更高更专业的知识和服务。为实现这个目标，有必要形成一个团队进行各种组织和开发服务。首先，整个部门需要一个更强大的团队。可以考虑把社会生活中各方各面的人才集合在一起组合成一个团队，尤其是一些专业咨询专家吸收的团队会把整个团队能力提高，竞争力增强。其次，用户需要多样的不同分类，用户也是各行业的，需要根据他们自身特点划分到不同团队。相应地，每个小组有一个合理的需要，不仅有专家熟悉的基本项目，也应该注重团队合作，互相补充。还包括每个项目负责人，我们应该清楚一个人或团队与用户之间的交流，一起讨论从而找到解决办法。

（三）集成化信息服务模式

信息服务作为图书馆信息资源共享的一个组成部分，已成为图书馆馆藏、通信、计算机、网络和多媒体技术、信息服务的中心，以 HIML、XML 和 PHP 为核心，通过这些技术、互联网和开放式 IP 地址在线数据库为用户提供资源。这种服务遍布世界各地，杂志等数字资源和商业信息都包含在图书馆中，以提供给远程用户；采用智能搜索、下载、BBS 或 Web 表单等为用户服务。这种服务模式汇集了一种传统的和现代的技术和资源整合，它充满了不同层次、多方面的新的服务模式。基于该方法，20 世纪末期以来逐渐流行并具体实施。即实现用户满意度最大化，这是一个漫长而复杂的变化，在整个机制的所有职能和规划、组织和实施过程中，只有评估服务，全面协调，才能实现高质量的服务。该模型主要建立了文献的咨询作用和功能，即搜索信息、用户功能，用户只需在终端前的计算机前坐下，通过鼠标键盘就可以直接传输，或者通过在线访问所需的文档信息。图书馆服务的服务模式不是内部服务的简化和，还要通过提高服务机制使读者获得最高满意度。

（四）专业化网上服务模式

建立数据库和专业的个人数字图书馆的信息服务和网络接口，使用专业的在线资源，提供特定服务。专业化为主的网站设计或数字图书馆，定期报告信息资源动态的最新情况、图书馆信息资源的特点和专业技术领域动态，提供及时和方便的窗口信息。企业获得要求专业化单位电子资源的分类和发展专业的搜索路径，或数字资源的组织和分配，按照特定的方向不同的特点自行组合服务。

四、图书馆信息增值服务的原则

（一）以人为本的原则

人文原则是现代图书馆的重要原则，这意味着人们（包括读者和工作人员），应视为图书馆管理的主要目标与最重要的资源，关注用户的需求和用户参与，同时也要关注人力资源开发，用最好的方式满足要求。以人为本的现代增值更加注重知识信息的专业化、集成化、个性化，释放人的个性和能力，调动人的积极性的中心位置。

（二）个性化原则

为了实现最大增值的图书馆信息服务，必须开始计划未来可预见的读者群以及读者们对信息需求的变化，再整合各种各样的资源与服务，使形成的服务系统基于面向服务的、相互协调的动态适应用户需求变化。应明确所有的工作是需要读者的，了解读者，关心、尊重、保护读者，帮助读者。

个性化是未来图书馆信息服务的目的。用户选择的多样化和个性化，知识与信息差异有显著性。因此，它是必要的利用网络的独特优势提供定制的信息和知识的过程。

（三）时效性原则

随着知识更新和信息资源效用会逐渐减弱，直至消失。知识和信息的及时性与其价值直接相关。主要包括两个方面：一方面，它指的是知识和信息的及时处理生产；另一方面，是知识与信息的发送时间的及时性。

（四）科学性原则

科学性原则指在信息增值上遵从信息的运动规律，根据用户要求，结合其原理和特色，运用更科学化的方式提供服务。比如给用户提供的信息的针对性、客观性、公正性、真实准确性、实效性、个性。

（五）创新性原则

创新知识来源于信息。创新的原则指先清楚用户的需求及其变化，再由此改变自身的服务范围、服务对象等，不断进步更新，顺应时代，创新服务种类。创新不仅仅是知识或技术的进步，还要顺应市场需求的变化。

五、图书馆信息增值服务的方法

（一）开展信息深度开发

开展信息深度开发包括：开展定题开发和跟踪开发；文摘的开发；目录、索引的开发；综述、述评的开发。

（二）搞好数字化资源建设和特色数据库开发

信息增加价值效果最显著的方法是通过信息，网络，智能化、数字化的管理和信息处理，借用最先进的设备完成。而挖掘并使用信息资源的基础是数据库，那些具有独特内容的数据库是根据一些学科特色与地方特色的各种文献开发的，称为特色数据库，其在数据的基础上进行处理加工，并且其具有很高的价值。数据库和文件处理电子文献和地方特色文献，区域经济、政治、文化、科学、技术、文学、风俗和历史古迹等。

（三）专业代理信息检索

随着网络的发展，越来越多的人难以找到确切的信息。在当下的网络中，所有类型的用户希望获取有效的信息，他们要求准确地回答他的问题，而非一个任意的答案，更不是相关的信息或线索出现。这种现象孕育了专业代理的信息检索服务，信息技术的飞快发展使其拥有更大的发展空间。数据检索服务的信息面向连接的服务，主要是代理来实现用户需求，如数据资料。除了一些较为原始的检索方法如纸张文献检索，还有包括计算机检索、光盘检索、网络信息资源检索（下载）、通信网络等现代化方式。信息检索服务在网络上，利用复杂的信息技术，快速、准确、方便地进行服务。

（四）信息咨询

它基于交换的信息，并提供高附加值的服务性质和具体要求。根据不同的用户要求，运用自身能力，特别是知识、技能和经验，解析、结合，焦点转换一系列的活动并创新，为用户提供专业的最好的或几个其他的线索、方式、办法以供其挑选。从而使信息和知识可以转化为生产力，促进经济发展也不在话下。信息咨询是在网络环境下人们通过多途径调查，并结合不同类型的数据资源、网上信息得出的结论来指导实践，最终收获社会经济效益。

（五）开展个性化的信息服务

个性化信息服务是指通过利用现代信息的技术与资源，为用户提供信息和服务。用户可以根据个人的信息需求提出各类要求，同时这也是一种延伸、深化与创新的传统服务。针对用户的不同，应用不同种类的服务，并提供不同形式的服务过程，拥有个性化的时间和空间。

第二节　图书馆知识服务

一、图书馆知识服务的概念

早期知识服务的意义在于提高认知和组织服务，在知识经济发达的今天，已成为一种新的服务观念，目的是对信息资源有更深一步的开发和更深层次的利用。通常决策机构、科学研究课题组或研究者个人是知识服务对口接应服务的对象，但是知识服务是以对信息的查找、总体分析、语言组织、改变组合的能力和技能知识为基本原则，接着根据用户所在的知识环境的不同，深入为用户解决问题的实际应用过程中，并且给用户提供足够的知识应用技能和知识创造方面的技能。针对知识服务与传统知识信息服务的不同点，其体现有以下两条。

（一）观念方面

第一，知识服务是面向于用户意愿的服务，其注重的结果是"通过我的服务，您的问题是否解决了"，而不是"您需要的信息我是否提供了"，而信息的结果、根本、重点则是信息资源的传达和获取。

第二，知识内容驱使的知识服务，它对于用户的需求，很注重分析其结果，以不相同的问题环境和不相同的问题为依据，提供给用户相应的需求，符合用户知识需求的知识产品可以通过对信息的具体分析和重新组合来合成，而且可以对知识产品做出相应的评价，所以又叫作通过逻辑分析获得的知识服务，然而古老信息服务与之有很大的不同，其是根据以物理方式获取的文献和用户的简洁提问来服务的。

第三，解决方案驱使知识内容的服务，它的专项是给用户提供不同的解决问题的方案。因为为用户提供解决方案是对信息和知识作用的最具体体现，而构思解决方案过程是一个对知识和信息有一个全面了解的过程，它包括筛选、组织、分析、综合等步骤，形成和完善解决方案是知识服务开展的中心。而先前的信息服务只能解决具体信息的提供以及具体资料和文献的供给。

第四，知识服务以提供解决问题的方案给用户为宗旨，贯彻于信息知识的查找、筛选分析、捕捉、拆分组合等整个过程，定期地与客户相联系，关注客户的需求，并及时地提供解决的方案，满足用户的需求，没有先前的信息服务的固定服务流程和"快递流通只管一步"的局限性服务过程。

第五，增值服务驱使知识内容的服务。它发挥和利用知识服务特有的能力和知识，对现有的知识文献等进行更深一步的加工，从而形成可以为用户解决力所而不能及的知识问题，新的、含更珍贵的价值的信息产品。其渴望自己的产品和服务能够通过知识和专业技能的能力创造价值，为用户服务并使之成为用户投诉问题的主要途径之一，也可以提高用户对知识的运用的能力和对创新知识的效率的提高，还可以帮用户解决非常难或很关键的问题，抑或麻烦来实现其自身价值，而不是单纯地通过利用资源，进行大规模生产、"劳动"服务等来体现自己的价值。

（二）服务方式

第一，知识服务不是以信息网络为基本和与用户系统相隔离的服务，而是深入了解用户需求和贯穿用户制定策略过程的服务。它需要业务人员和用户保持高度的联系和配合，就和特别招聘的项目管理人员、主治医师、法律对口顾问等一样形成一种有整体感且有形的人员关系服务于用户，创建一种为用户负责的过程或为个人用户负责的责任机制。

第二，知识服务将是针对用户个人进行完整的服务且具有专业性质的服务，而不是大规模地进行服务、大批量次地服务。其专业化主要表现在对人员有严格的专业化要求，必须按照具体的要求和具体的过程，提供给用户具体的、相对应的知识服务，从而保障和用户有良好的联系且对用户有很好的理解，保障为用户提供策略的过程的完整性和完善具体的信息服务。

第三，知识服务将不是利用固有的资源进行服务的服务，不再是依附于功能多样化的资源系统进行的服务，而是包含虚拟的服务成分，充分合理地利用各种资源、系统来达到知识服务过程的完整和知识服务的功能完善，所以知识服务不会被任何一个系统或图书馆所局限或包含。

第四，知识服务将不再通过依靠知识丰富全面的系统或大而详尽的服务来吸引人群，而是通过综合、系统的方式服务来吸引人们。它遵从开放式的服务方式，通过系统合成、团队协作、集成服务等各种各样的方式方法来组和、调节，接着利用各种条件，例如资源、员工、各种各样的知识系统服务等，来为用户提供知识服务。

第五，知识服务已将不再是基准化和商务性的工作，而将会是根据创造创新、自主的服务。它规定提供知识服务的人员必须能够通过了解每一个工作的实际情况变通地搜求、筛选、了解和使用各种各样的知识，变通地创造、集合、统筹、协调和安排相关的成品的状态和服务工作，要求知识工作人员有自己管理自己的意识形态、良好的调节状态，形成改革创新精神，拥有自主研发能力和管理能力，并且要创建相应的管理体制。

二、图书馆知识服务的特性

(一) 以用户为中心

知识服务是为使用图书资料等机构的用户服务的，所以最后会由他们来评价知识服务品质的好坏。完善知识服务的根本是"以用户为中心，满足用户知识的需求为目标"，图书情报的一切重要的工作和各种服务活动都要以其为最根本的出发点，通过它来变通地了解用户的知识需求，总结什么是用户想要的知识的规律，再以用户的实际情况向用户提供最合理、最有用的知识信息，然后就能够提供理想的知识产品，从而提升服务的准确程度，把对图示资料机构的知识进行合理充分的利用放在重中之重，加入处理用户的麻烦的过程当中，从实际角度出发解决用户的问题，使用户能够迅速地获得知识并且解决实际问题，使用户能够满意。

(二) 突出个性化

以服务用户的角度来看，知识服务是可以为用户解决问题的最好的知识策略，不同的问题会发生在不同的人身上，若用户要解决一样的问题，会受到环境因素的影响，故知识服务要提供给用户不同阶段相对应的方案策略，所以为个用户提供的方案是会随情况而改变的且不是唯一的、特有的。通过对用户具体的信息了解和需求了解，可以建立个性化的知识服务体系，采用适当的服务方式来有针对性地为用户解决难题，寻求知识，提出具有针对性的解决方案。

(三) 基于知识组织，实现知识价值

对知识的使用是知识价值的重要体现，并且知识被使用的频度越大，它的知识价值就越高，越容易得到表现和提升。知识服务可以通过搜求大流量数据里面的可用信息来解决用户的知识需求和难以解决的现实问题，接着对消息进行筛选分类，对消息进行详尽的描述来展现信息的内容，解决发现包含的相关的知识联系，从而找到与之相对应的用户需求的知识，还要使用户接收到知识的内容并且用有效的方法展现给用户。

在对知识的组织编写的基础之上，知识服务提供给用户知识，之后是用户对知识的应用，在运用它们的同时，达到知识价值的实现，知识服务的效果也展现出来了。

（四）综合集成系统性

使用知识服务的要求是将知识、人才、技术等信息资源有机地结合在一起，知识服务与图书资料机构的结盟是被提倡的创建相对和谐的对外开放的组织体系，采用虚拟的产生方式，集合成多种多样的信息资源、劳动力、科技技术和信息系统，从而达到信息服务的集合化、系统化、层次化和全面化。在具有整体性的系统服务中，人是一个不可或缺的重要部分，有着不可替代的作用，这也是整体综合集成不同于一般集成的地方。知识服务人员是提供服务的主体，需要较高的能力素质，既要有集成资源能力，又要有集合调节能力。知识服务的特性要求能够使知识服务具有更好的协调性和自主性，升华了知识服务的成果。

三、图书馆知识服务的发展历程及目标

（一）图书馆知识服务的发展历程

现今，图书馆提供的是以用户为中心的服务，而不是以文献资料为中心的服务，从以前的服务于基层到现在的服务于高端，从以前的信息化服务到现在的知识化服务，经历了曲折悠长的过程，通过这一过程的改变，慢慢形成了信息化的社会环境，不但不平均的信息资源的分布有了明显的改善，而且连带着信息的获取方法都有显著的改变，搜索信息和传递信息已经达到了不是中介、不是专一性的、不是智力型的，从前的服务与信息的方式逐渐地走出了用户的视野。同一时间，在面对着市场经济的强烈冲击和信息技术的创造建设，各种各样的信息服务系统都慢慢地向网络化靠拢，在这样严峻的情况下，信息的服务平台市场与用于学术交流的信息系统重组便形成了将来的趋势。这体现出图书馆正面临着巨大的危机，可能会丢失以前的大量客户，处于市场的低下地位。在提供给用户的信息运动与社会学术资源交流系统中，以前的市场高地位将会受到大的打击，从而丢失其地位。图书馆要解决这些问题，就要有足够的信心，迎难而上，打造高品质的服务与层次。

统筹图书馆的发展，我们知道了在当今社会的各领域中，剧烈的改革会引起用户对知识信息需要的改变，这才使图书资料机构的服务变革与知识创新发生了改变。为了维持并发展在用户信息活动中的智力贡献、效益贡献和影响层次，我们必须在新形势下于知识服务工作中注入新的内涵与内容，真正增强自己的能力以生存与创新。

（二）图书馆知识服务的目标

知识创造为知识经济发展提供最开始的动力，同时知识服务也以知识经济为中心。并且创造知识是知识的一种换代过程，它不仅需要相关的研究部门进行知识的创新，还需要工作人员和相关的机构对信息进行收集、加工、分类、完善，完善知识的应用。在图书馆的发展历程中，知识服务取代了原先的信息服务。然而知识服务是一种进行知识的传播、更新换代、运用的服务方式，在数据图书馆中的知识服务是以原先在图书馆中的知识服务为基础，应用几种整体性的知识技术和综合性的网络技术，提供给用户一种数据性和网络化的知识且具有价值的行进历程。其包括了数字化的咨询服务，以网络化、个性化的知识服务为领导，以制定信息策略、进行信息创新以及网络共享服务等为基础；以图书馆展现出来的功能来说，前提是知识创新，目的是知识服务。利用服务促使创新知识。

知识服务依靠图书馆为知识的源头并且为知识的获取媒介与网络服务相对接，举办网络参考询问服务，运用知识营销相关的理论与方法，成为"知识管理人"的角色。在知识经济的发展浪潮中，鼓舞用户运用知识和了解知识是怎样开创的，把图书馆作为知识应用的中心。图书馆展现它的使用价值和挤入知识市场的竞争全在于它的中心地位，所以要使以下的目标达到要求。

1. 拓展用户满意度之外的空间

为了满足拓展经济以及创造性知识的需求，知识服务会以用户的现实状况为标准来搜索和选择相关信息，然后整理已经存在的文献来获得新的知识文献，为用户解决用户不能解决的问题。知识服务的目标和完成方式是知识创造。知识服务通过梳理知识之间的相互关系和把握知识之间的联系，向用户提供有利用价值的信息，知识服务挑选出重点来满足其信息来源。

2. 形成与完善解决方案

知识服务的核心和目标是提供给用户能够解决问题的方式。向着此目标对知识和信息不断地进行查询、分析、总结、创造、合成是知识服务的服务方式。为用户提供能够为用户驱使的解决方案，可以达成满足用户知识需要的目的。

3. 面向曾经服务的努力

知识服务属于增值服务，具有技巧性地应用独有的知识和技能，加工文献，使之成为有新的价值的信息产品，解决用户不能自己解决的问题，运用自己的知识和技能，创造出可以为用户服务的价值，达到提高用户的知识应用能力，达到知识创新的显著提升，即达到了得到价值的目的。

4. 服务内容个性化的方向

知识服务十分注意解答用户的知识需求，强调掌握用户的习惯和个人个性等信息，主动为用户提供其可能需求的服务。个性化服务提供高品质的知识信息，同时，更强调了用户对知识服务的品质和数量的满意程度，努力让用户对数量以及质量的满足度达到极限。

四、图书馆知识服务的运营模式

到现在为止，虽然图书馆的知识服务方式还在摸索相关理论和进行实践的阶段，但是参考其他类的服务经验和图书馆资料机构探求到的知识服务结果，我们能够制定出大体的知识服务运营模式。

（一）基于分析和内容的参考咨询服务

图书馆的知识服务以参考咨询服务为基础，通过提供咨询服务来提高图书馆的信息服务，并达到体现其中心地位的目的（前言以及中枢化），为保证咨询人员对专业召唤师和资源的掌握，将他们进行专业分工，为强化咨询服务的剖析性和智力化，根据咨询的问题进行分类分工，利用集成化管理馆内以及馆外的咨询资源及技术机构来提高咨询服务的集成化，利用提供有效的分析技术支持和工具来使内容和重组信息的咨询及有效的分析得以保障，利用保持个人的频繁接触频率和跟踪的效率服务来使用户更加信任咨询服务。

（二）专业化信息服务模式

专业化的信息服务模式根据专业服务范围来组织相关的信息，使用户对信息服务的需求和支持程度得到提高。例如，许多国外的大学图书馆都在运用垂直组织方式，彻底改变了通过业务过程分配人员的方式，图书馆的特殊员工每人都要完成特定范围的知识资源的建设服务和用户需求的分析、组织服务图书和用户教育服务等；然而西南财经大学则是发展图书馆进行特殊部门管理、特殊学科知识服务，例如学科知识的分析求解、信息资源的查找分析、信息的检索和上传、参考询问和课题的服务，而购置、编目、流通及技术系统等支持则由图书馆的其他部门来供给；清华大学让特定的图书馆工作人员到各个院系中提供知识信息的联络服务，负责一些与本院系相关的信息需要、跟踪分析、建设信息资源、信息搜索以及提供咨询服务、教育用户和解答信息系统建设的相关问题等的工作。然而，西南财经大学是以网站服务方式进行的，建立不同专业的相关网站，在这个网站上有专业化的信息搜索方式，提供专业化的检索工具，图书馆专业相关的论坛和研究、会议的进行状态、专业的报告和知识咨询频道等。使其成为创新型专业化的信息服务中心。有些图书馆还实行为重要用户和任务提供特殊服务的方式，提供信息、课题资源咨询服务，保证服务的个人化和服务的一体化以及智能化、预测精准度。

（三）个人化的信息服务模式，特别提出针对具体用户的需求和过程供给连续的服务

个人化信息服务模式一方面针对用户的问题提出详尽的解决方案，另一方面也将其加到系统以及组织体制里面。比如，设计图书个人性质的信息情报系统界面（和搜索引擎的个人主页异曲同工），提供给特别的用户相应的"系统"界面（例如在用户使用系统服务时，提供动态化、个人化的报告、选报新闻等的知识服务）。创建个人化的信息知识服务平台，根据用户的知识了解范围以及知识的应用灵活度开创分析搜索，优化分析搜索的过程，更好地检索出结果，并且有效地把其他的服务和个人界面连接起来，形成"用户的图书馆"，帮助用户创建个人个性化的资源系统；运用图书馆的系统支持功能或联合像课题站或者个人专业化的信息教导系统和课题信息的支持系统等类型的资源系统，许多图书馆提供个人化的服务有效方式，提供给专家或课题组信息服务。

（四）团队化信息服务模式

缘于知识和强大能力是知识服务的必要需求，在通常情况下，知识服务是通过团队和多人员、多方面来完成任务的。总体来说，它包括两种形式。一是通过团体合作来完成服务，就像进行建设搜求资源、分析组织信息、参考咨询、用户培育和信息技术支持等需要团队协作，结成小组负责完成任务，或者将不同属于同一专业范围和不同图书资料机构的信息服务员工进行组合，形成小组；还可以使有经验的用户和其他的工作人员组成小组，含有丰富的知识，能够高效率、高质量地提供知识服务。二是加入用户的团队当中，作为团队当中可以接收信息、应用知识、解决问题的人员服务于用户。例如，配置相应的信息助手给一个课题组、单独的专家、课程或专业性的学术工作等（我们要保持良好的用户信任和有用都的交流，当然需要我们长时间的良好的服务态度及质量）。

（五）知识管理服务模式

站在用户的角度和立场，进行知识收集及收获管理。包括对外围知识的追寻、搜求、检索和收集，对内部的知识——隐藏知识的跟寻和被吸收；进行知识的组织和搜求治理，应用相应的搜求信息及数据库运用技术，在错综复杂的知识信息流中找到新的知识要点以及发现知识信息间的联系，将它归入一定的信息组织的系统中，并且应用计算机和网络相关技术使工作人员能够较为快速地搜求相关的信息资源和数据；进行知识的流通和相应的

传递处理，应用数据库和网络系统与相关的工作流程管理系统等工具，使工作人员能够快速地与其他人进行知识信息的交换和应用，达到广泛且及时的资源共享与交流，使知识的寻找者和知识的来源之间、知识的寻找者与知识的提供者之间能够精确地进行传达与匹配；进行知识的利用处理，使用专家系统；特别的分析工具、方案的支持系统等为工作人员对知识的了解和运用提供方便，使知识的管理系统有机地结合到平常的经营过程中，并且使新知识点快速地改编到完整的管理知识系统中；进行分享知识资源和创造知识新环境等的处理，创建和进行各种各样的处理手段和机制来支撑工作人员能够共享知识和进行知识的创造。

然而，良好的知识服务在将来会是上面所述的各种各样的模式和其他可能出现的模式要结合和挑选的对象。值得一提的是，知识服务不会不支持将藏书的创建和编写文献的目录、检索和交换流通性的阅读为基本的图书馆资料服务，更会支持网络信息服务。虽然这些服务在将来不再可能表现出图书馆的资料机构的中心地位、专业的发展方向和具有特殊性的内容，它的重点将会转移到强硬的后台支持服务，使知识服务得以继续，但是知识服务在将来会是人类的时代标志，创新标杆、市场重点、比赛基础以及"利润"的所在。

五、提高知识服务效率应重视的问题

知识服务将知识资源作为支柱排除在外，还把改编知识的顺序的活动当作基本。此外，还要把用户的活动作为依靠，知识服务大体的编制结构与进行知识服务相应的环境基础在一定程度上会影响知识服务的质量。目前，许多图书馆重视前者，却忽略了人类活动、编写知识服务的结构、改善指数服务的服务环境，故编写者要对相关问题进行展开性的研究讨论。

（一）人力资源问题

从大体上来说，数据不能自己转变为信息，信息也不能自己转变为知识，是人将信息转换成知识，增值强度依据人的隐藏知识的不同而不同。隐藏的知识的使用成分越高，增值强度的程度越大。换一个角度来说，图书情报人员既是知识组织的保证者，又是知识服务的受理者。所以，知识服务的保障是人力资源，一定要重视人力资源的开创问题。

加大队伍的创立：如果图书馆资料机构想进行有效的知识服务，如果想站立于市场的顶点地位，最重要的是培养具有高素质的市场人才。知识服务是以提供给用户行之有效的解决问题的方法为目标，而不是单单贡献文献资料信息，所以这就需要更高素质的工作人员。正因如此，图书情报处一定要创建一支具有高素质的人才队伍来进行知识服务。知识服务的概念是新型的，以人力资源与智商资源为根本。现在比起以前，知识有了全面的革

新,更具网络化的性质,而只具有知识信息的处理能力,只会电脑专业知识的人员和只会外语的人员尚不能完成知识服务的供给。知识服务迫切需要的人才是同时具备信息处理技术与服务观念的综合性人才。因此,除了加大引进、培育高综合型的知识服务高素质人才外,更要加强提倡合作的精神,营造深厚的集体学习氛围,引导、提倡他们能够自主意识到自主学习增强他们对现在的知识信息技术和网络相关的知识以及现在的集合理论和方法,提高知识服务员工应用知识、创造知识的整体性能力。

提高员工的素质:现代知识服务的最大特点是有高素质的员工。知识服务对员工的素质和相应的知识能力方面具有很严格的要求,因此知识服务员工要加强学习力度并且坚持不懈,提升自己的综合素质能力。首先,应具备知识解析能力与策划能力,这些是进行知识服务工作所需要具备的先决素质能力。知识分析能力是指能够构建用户知识的框架并且与社会上的知识体系相链接的系统分析的能力,能够快速地搜求到用户所需的知识。策划分析能力是以解析用户的特殊问题和联想相关知识为根本,提供能够解决用户问题的方法,从而达到正确策划的能力。其次,需提高组织集成知识和创造的能力,这是知识服务的基本。知识服务根本上是以知识分析和应用为基本,依据信息里的知识发展,合理集合和有效开展使大量的信息得到解析。在现代网络知识的时期,面对以网络为载体的信息资源、创新性观念的用户、新范畴的知识,知识服务人员必须有较高的业务水平和认真工作的能力,成为知识服务的引领人、创造者和专家。

(二)图书情报机构的组织结构问题

"组织"这个词有两种词性,即动词与名词。如果想要提升知识服务的品质和效率,只注意作为动词的知识的集成是不能满足要求的,更要注意名词性时创造相关的知识,即创造一个知识服务性的图书资料机构,从另一方面鼓励知识服务。创建一个对口知识服务的组织,可以在非常大的程度上提升知识服务的水平和能力,使组织健康可持续地发展。

创建针对知识服务的组织框架:一般来说,组织体系的掌控方式是组织结构,主要关联组织内的各种各样的组成因素和因素间的相互关系。以提供更好的知识服务为目标,图书资料机构在创建组织结构的过程中,一定要把关爱以及满足用户的需要作为目的,将先前的组织系统和服务效果进行彻底的考虑与重新设计。使用现在的信息技术和对信息管理的手段,尽可能大地完成服务与管理机能上的合成,创建注重过程的结构,改变服务的功能与环境之间的联系,使之变得更好,进而提高服务的效率与品质。这就使得图书资料机构一定要创建多人多策略的机制,实现提升组织体系的执行效率,一定要内部大改革,加入分权体制,保证有知识专业化的知识工作员工享有应有的决策权,因而减少知识及信息相互传递的成本,知识类型的服务应该是横向发展的网络结构,具体来说就是把分散服务流程合理性地联合在一起，使不同部门间的界限淡化，建立柔性的组织结构，在根本上打破原有的根深蒂固的金字塔的组织框架，使组织方法成为具有柔性的依靠管理系统的大力支持的网络构架。非常多的图书馆的管理方式是中心集中型的，不能使部门的工作积极性得到提升，不能使员工的潜能得到充分的发挥。图书馆建立针对知识服务的组织框架的关键点在于，首先是使本部门上下级之间的界限淡化，以用户为中心重建组织结构，强化整体协作的作用，整个工作流程按照决策工作组的指挥进行，而不是按照上一级的命令进行。其次是要使图书馆的工作分工的界限不那么明显，以用户为工作中心，构建组织结构，把工作任务相近的部门进行连接重组，与此同时，更要注重发现新的工作任务，并且使用户成为图书馆业务工作的中心，而不是以机构为中心，改变任务驱动方式，摒弃以前的服务驱动方式，改为采用以用户驱动的方式。

建立对知识服务组织的文化：知识型组织中的一个重要特点是具有非常强的创造能力和组织变通能力。只有技术上创造新的组织结构是远远不够的，还要建立"以人为本"的组织结构文化，来形成组织的精神的内聚力，才能使图书情报机构成为利于知识共享和创新的相互协调的系统。图书馆员工应该不断地接受创新、共享、协调发展的知识，强化意识，因为创新、共享知识、协调发展是一个关于文化的组合，如果可能变成知识工作者要有自觉性，供给无形的协同凝聚力给知识组织，使知识组织能够完成任务，继续创新的前提，从而营造一个将创新、共享知识、协调发展为共性的文化气氛和环境。

第三节 基于 Web 3.0 的个性化服务模式创新

一、Web 3.0 个性化信息服务特征

Web 2.0 模式下的图书馆信息服务最显著的特点是信息共享、信息整合和信息服务平台的构筑和开放。Web 3.0 是对 Web 2.0 的继承和突破，是在 Web 2.0 的基础上的进一步延伸，是通过更加简洁的方式为用户提供更为个性化的互联网信息资讯定制的一种技术整合。在 Web 3.0 时代，信息服务平台的构筑已不是人类信息交流机制的主要内容，而是在这个平台基础上深入开发和实现人类社会基于个性化需求的信息最优聚合的问题。Web 3.0 个性化信息服务具有以下特征。

第一，注重用户操作的可控性。用户范围没有局限，也没有人为的信息交流障碍，用户有可以选择性地操控信息和实现自我的权利和条件。

第二，深度的个性化体验。Web 3.0 用户可以依据自己的个性需求和习惯使用互联网

络，互联网用户对 Web 的体验正在由传统的点击、单向、视听体验进入全新的多媒介、多通道、满足生理愉悦的体验时代。

第三，网络设备和应用程序高度兼容和互通。

第四，网络智能化。体现在与对人类语音、语义的理解以及计算机网络设备跟人类的双向对话，实现现实人与虚拟生活的双向交流以及网络面向个人需求进行的自动过滤和自动清洁网络垃圾的功能。

第五，用户 Web 数据私有，体现个人价值。Web 3.0 将更加凸显互联网用户个人数据的管理、价值的体现和用户数据的独立性，激发用户参与、体验的乐趣和积极性。

第六，网站间信息的直接交互和聚合。

二、Web 3.0 个性化信息服务内容

图书馆个性化信息服务是图书馆以其强大的海量资源存储优势，面向用户提供满足其个性化需求的服务。图书馆个性化信息服务具有主动式服务、针对性服务和被动的积极响应等特征。

"针对性服务"是图书馆个性化信息服务最主要的组成部分和工作内容，即针对用户的需求特性主动或自动进行用户资料的搜集和分析，建立用户资料数据库，定期或不定期地向用户提供差别性的服务，为用户制定不同的服务策略，提供不同的服务内容。图书馆"被动地积极响应"其实是图书馆主动式服务理念的延伸，是在其理念指导之下的图书馆活动的具体实践。

Web 3.0 是图书馆个性化信息服务的新一代网络环境，也是图书馆用来深层次满足个性化信息用户需求的工具，主要体现在图书馆个性化的实时信息服务、多样化的服务方式和服务内容的精准响应等几个方面。第一，实时信息服务是图书馆满足个性化服务的跨时空体现。利用 Web 3.0 信息接收终端的普适性特征，实现各种应用的电子设备的互联互通和信息实时接收功能，实现图书馆与用户的无缝对接，实时解决图书馆用户的信息需求，解决了图书馆和用户服务与需求双方跨时空的联络，让用户充分享受到图书馆无处不在的便利，是一种人类信息交流的社会机制变革的有益尝试。第二，图书馆信息服务方式的多样化是图书馆个性化信息服务的外在特征的一个体现。丰富的个性化信息服务的形式能够满足用户个性化需求，有利于营造良好的信息环境，将图书馆与其外在的社会空间融为一体。第三，提供精准的信息资源内容是图书馆个性化用户对图书馆信息资源服务的主观需求，也是图书馆个性化服务的一个重要体现。这要求图书馆针对服务个体以细化的内容，高质量地提供个性化的服务内容。

三、Web 3.0 个性化信息服务模式

图书馆个性化信息服务模式是以个性化信息服务系统为平台，以满足用户个性化信息需求为目标，在个性化信息服务活动中调整和组合各服务要素而形成的一种工作模式。图书馆个性化信息服务的根本目的在于通过特定的服务方式，根据信息用户的专业化、个性化需求，为信息用户提供适当的、有针对性的、独特的信息服务。

目前，已经出现了各式各样的图书馆信息服务模式，如信息推送模式、门户模式、智能代理模式、呼叫中心模式等。

（一）信息推送模式

这是图书馆通过对用户动态的跟踪和需求分析，推测用户潜在的信息需求，针对潜在的用户或潜在的需求方向，向其传递经过加工的信息资讯。Web 3.0 环境下的图书馆个性化的信息推送服务更强调对用户数据的自动而智能的搜集和分析，注重预测的准确性和科学性，以保证有针对性地提供所需信息，保证推送服务的效果，体现图书馆个性化服务的技术优势。

（二）门户模式

这是在图书馆个性化信息服务实践中成功开发并广为使用的一种模式。比较有代表性的是 My Library 的研发和推广使用。在 Web 3.0 网络实践中，这种信息服务模式将更加深化，更注重用户操作的自主性、用户资料的智能追踪和判断并主动提供使用的策略和服务内容。对广大的科研院所、高校等传统用户而言，这种模式将会是一种普遍采用的服务模式。

（三）智能代理模式

这是 Web 3.0 阶段的图书馆信息服务深入开发和应用的一种模式，是围绕着用户个性化信息需求的满足进行的开发。

（四）呼叫中心模式

这是将图书馆信息服务与"114"等寻呼台的信息服务在业务领域和服务内容、体制机制进行整合而形成的一种图书馆。这是在 Web 3.0 网络环境下致力于个性化信息服务的新的实践形式。

（五）虚拟 3D 图书馆模式

指图书馆的各个服务功能和组成部分以 3D 动画的效果呈现和展示给用户个体，用户以虚拟身份获得真实的图书馆信息服务效果的一种服务模式。图书馆建立这种模式对用户的信息需求的满足是一种心理、生理、感官等全新的释放。这种模式也集中体现了未来 Web 3.0 网络环境下的图书馆信息服务典型特征。

第四节 基于移动图书馆的服务模式创新

移动图书馆是新技术环境下图书馆服务的新形态，是数字图书馆基于移动终端设备的延伸，是图书馆服务模式的创新性表现，也是图书馆顺应时代技术进步的表现。图书馆丰富的馆藏资源为移动图书馆服务的开展提供资源支持。移动图书馆根据用户信息需求，确定合理的移动图书馆服务系统、服务内容和服务模式，创新移动图书馆服务，与传统图书馆服务、数字图书馆服务共同成为图书馆服务集合，满足用户泛在化的需求。

一、移动图书馆及其特点

移动图书馆也叫流动图书馆、无线图书馆、掌上图书馆、手机图书馆等。最早是以汽车图书馆或流动图书车的形式作为公共图书馆的一个服务项目服务于分散或偏远地区用户。随着远程网络通信的发展，出现了通过电子传输把图书馆信息服务直接送到用户家中的电子流动图书，后来逐步演变为用户可以通过互联网远程在线访问图书馆的数字化馆藏资源的数字图书馆。20 世纪末，伴随无线通信网络和移动接入技术的逐渐成熟，用户通过手机、PDA 等手持移动设备随时随地接受或访问图书馆信息服务，实现了由流动的实体图书馆向移动的虚拟图书馆的进阶转变。进入 21 世纪后，国内各图书馆相继开展模式和内容丰富多样的移动服务，逐渐迎来真正意义上的移动图书馆服务。移动图书馆是指依托于国际互联网、多媒体、无线移动网络等，用户不受地点、时间、空间的制约，通过使用一些移动设备（如手机、iPad、笔记本电脑、E-books 等），方便、快捷地获取图书信息的查询、浏览的一种新兴的图书馆信息服务，是数字图书馆电子信息服务的延伸与补充。移动图书馆服务具有移动性、便携性、实时性、丰富性和主动性的特点。目前，移动图书馆服务主要包括读者账户、馆藏查询、书刊导航、热门推荐、参考咨询、服务指南、新书通报、开馆时间、相关新闻、意见反馈、活动通知、讲座信息等。

二、移动图书馆服务模式及服务功能

（一）移动图书馆服务模式

1. 短信息服务

这是率先被普遍应用的移动图书馆服务模式，特点是速度快、效率高、费用低以及操作简便，主要有信息推送服务和短信咨询服务，提供如新书推介、讲座通知、欠费提醒、逾期催还、资料预约、图书续借、借阅查询、参考咨询等服务。

2. WAP移动网站服务

这是继短信息服务后逐渐兴起和推广的一种服务模式，是对短信息服务模式的一种拓展和补充，内容主要涉及移动网站的模式推介、设计建策、绩效评价、应用现状以及移动OPAC等。WAP网站服务模式是通过智能手机访问专用和通用网站的形式提供服务，是目前用户利用互联网与移动图书馆的主要方式。

3. 客户端应用服务

这是一种移动增值服务模式，是移动图书馆、数字图书馆与移动终端应用紧密融合的产物，具有功能强大、扩展性强、内容丰富、可定制、趣味性强等特点。

（二）移动图书馆服务功能

目前，国内利用短信、WAP模式、应用程序这三种模式开展图书馆移动服务，主要有常规性的服务、馆藏服务、个性化的服务、WAP创新服务和手机阅读服务等，实现的主要服务功能如下。

第一，常规服务：主要包括开闭馆时间、图书馆新闻、服务介绍、新书通报。

第二，馆藏服务：主要包括书目查询、资源导航、数据库检索、联合资源平台。

第三，个性化的服务：主要包括我的图书馆、图书馆博客、微信公众平台、学科化服务、参考咨询、信息推送。

第四，WAP创新服务：主要包括深化传统服务、拓展全新移动服务、直接面向用户服务、与用户互动交流。

第五，手机阅读服务：主要包括手机二维码、电子阅读器、手机电子书下载、手机全文阅读。

三、移动图书馆应用现状和发展趋势

（一）手持式终端设备智能化

上网速度、屏幕尺寸等越来越人性化，处理的速度及存储能力越来越强大，操作系统界面也越来越友好，服务内容和形式更趋多样化和人性化，内容和格式将会分离，将致力于解决不同数据库平台无法统一检索、不同手持设备无法实现统一访问以及不同数据存储格式的兼容等问题。

（二）服务模式体系化

它将致力于实现服务模式的全面化和多样化，跟踪移动技术的进步与变化，建设系统的服务模式体系化。因此，图书馆要科学规划、合理分配三种服务模式的位置与角色，既要保留并充分挖掘短信等传统模式的效能，又要充分发挥WAP主流模式的核心作用，在此基础上积极发展客户端模式。三者之间相互渗透、相互作用，形成一个全面而系统的服务模式体系，以满足不同层次人群多样化的信息需要。

（三）服务功能层次化

按照服务层次由低到高的顺序排列，形成一个层次化的体系，可以较好地满足用户的不同需要。以美国康奈尔大学为例，康奈尔大学主要有常规服务、课程帮助和研究帮助等服务项目，层级化服务。服务内容主要包括开馆时间、个人账号管理、借阅与传递服务、资源的一站式检索、检索与预订课程、主题和课程指南等。该馆最富特色的服务功能由参考咨询、馆藏综述、研究介绍、引用管理、研究咨询、情报跟踪六大部分组成。

（四）服务方式人文化

服务系统设计简捷、实用，把方便用户操作放在首位，重视服务功能，提供的信息多种多样，服务更加贴近生活。

（五）宣传推广科学化

改变移动图书馆只不过是传统图书馆服务辅助手段的观念，重视推广工作，制定合理的宣传推广方式，在图书馆主页提供全局导航并将与移动图书馆服务相关的宣传推介内容置于主页醒目位置进行宣传。

（六）客户端资源丰富化

加大客户端应用软件的开发力度，深化馆藏资源的开发，加速更多的纸质资源与电子资源向客户端应用资源的转化，充实特色馆藏。

第五节　基于图书馆联盟的服务模式创新

任何一个图书馆都不可能利用自身拥有的文献资源完全满足用户的全部需要，产生资源共建共享、利益互惠的图书馆合作群体是必然趋势，并逐渐发展为图书馆联盟服务。各种类型的多个图书馆相互之间的合作和图书馆资源共建共享的联盟服务，其服务力量远远超越任何一个独立图书馆。随着科学技术的不断进步和网络环境的飞速发展，移动网络成为网络发展主体，移动图书馆联盟模式也必然成为未来发展的主体模式。

一、图书馆联盟及其目的

图书馆联盟是指各图书馆之间为了共同的目标通过某种协议建立起来的以若干图书馆为主体，联合相关的信息资源系统，按照统一的技术标准和工作程序，执行一项或多项合作功能的联合体。最早的图书馆联盟是由传统的馆际合作发展而来。图书馆联盟须是多个图书馆联合构成，有共同需要遵守的制度和协议，有专门的成员组织进行管理、监督和协调联盟的运作，为的都是降低成本，实现资源共建共享、利益互惠并更好地为用户服务。图书馆联盟的发展将直接影响图书馆联盟的研究发展方向及服务方式。

二、图书馆联盟的作用和类型

越来越多的用户对信息的需求超越了地区、国家限制而转向全球的信息需求。图书馆联盟则可通过虚拟馆藏，用联合共建的方式打破地域限制，克服传统图书馆合作中各自为政的条块障碍和合作中完全由行政主导的缺陷，将分散的资源经过有序的组织后，提供一个海量信息通道满足读者的需要。

在我国，主要有全国性图书馆联盟与区域性图书馆联盟、专业性图书馆联盟与综合性图书馆联盟等。全国性的图书馆联盟主要包括"中国数字图书馆工程"、"中国高等教育文献保障系统"、"国家科技图书文献中心"和"全国文化信息资源共享工程"，其中以"中国高等教育文献保障系统"最具代表性。

三、图书馆联盟的服务模式

依托联盟的资源优势开展服务是联盟合作的根本。

（一）馆际互借与文献传递

馆际互借服务分为用户自行借阅和图书馆代借。用户自行借阅是指联盟成员馆的读者凭有效证件，自行到成员馆借阅文献；图书馆代借是指读者通过馆际互借中心网站申请，由本校图书馆代为借阅文献的服务。文献传递服务是图书馆工作人员根据用户需求，通过传真、复印邮寄或 e-mail 电子文本等形式，为读者提供本馆文献或获取其他图书馆的文献原文的服务。

（二）统一检索

图书馆联盟提供了基于异构系统的资源跨库统一检索服务，用户可按学科、数据库名称、文种等方式同时检索多个系统中的多种资源，包括数据库、电子期刊和电子图书，并得到详细记录和全文下载，也可选择单个数据库进行具体资源的检索。

（三）参考咨询

在联盟内网络平台上，运用各联盟成员的专家及学科专门知识而进行的问答式服务。通常采取实时咨询和非实时咨询相结合的方式，实时咨询是咨询馆员在线与读者进行实时交流，非实时咨询是用户在咨询系统内以表单的方式填写咨询内容等待馆员的咨询回复。

（四）定题服务与代查代检

是联盟根据用户的特定需求而开展的全程文献检索服务，提供的是针对性较强、专指度较高的信息服务。代查代检服务是联盟根据用户具体要求，依据用户描述的课题或特定需求的主题词、关键词作为检索入口，从开题立项到成果验收全程开展的文献检索服务。

（五）科技查新

指通过计算机检索和手工检索等手段，运用综合分析和对比方法，为读者的科研立项、成果鉴定等提供事实依据的一种信息咨询工作，以避免用户重复的研究工作。

（六）网上培训

分为馆员培训和用户培训，馆员培训是为提高联盟成员馆从业人员的专业技能和服务水平而进行的在职培训，用户培训是为了让用户了解可获取信息服务的类型和实现方法而进行的联盟服务项目培训，如 CALIS 中心在各省中心的培训。

(七) 个性化服务

是用户可自主设定所跟踪的学科领域中的专题，自动获取联盟中心最新相关专题信息，可直接调取相关内容或者联盟信息专家根据用户个性化需求主动推送或提供个体专题信息的服务。

(八) 科技评估

是指由科技评估机构根据委托方明确的目的，遵循一定的原则、程序和标准，运用科学、可行的方法对科技政策、科技计划、科技项目、科技成果、科技发展领域、科技机构、科技人员以及与科技活动有关的行为所进行的专业化咨询和评判活动。

四、图书馆联盟的发展趋势

图书馆联盟的发展经过了为实现图书馆之间馆藏文献资源联合编目、联合目录、文献传递、参考咨询的共建共享而形成的，以地域式资源共享模式、主题式资源共享模式、组织协作共享模式为主的传统图书馆联盟阶段，进入了以数字化信息资源共享为标志的数字图书馆联盟发展阶段。目前，随着泛在知识环境的深入发展，图书馆联盟又逐渐进入了一个全新的发展阶段——移动图书馆联盟。

(一) 移动图书馆联盟

是图书馆以无线网络技术为知识资源推送手段，以合作方成员自有资源与网络资源为知识仓库，与移动运营商、数据库开发商、网络信息技术公司等网络运营商、服务商等以商业化运作的形式组织起来的、受共同认可的协议和合同制约，以实现资源共享、互惠互利为目的，以实现读者任何时间、任何地点都能无限制地获取信息资源为目标的联合体。它是一种完全不同于以往图书馆联盟与数字图书馆联盟的全新的组织形式，是一个面向用户的信息服务平台，也是图书馆信息资源共享发展的新趋势。

(二) 移动图书馆联盟信息服务平台功能

移动图书馆联盟信息服务平台主要有用户管家、学科服务、移动定制、特色生活服务、专业信息咨询以及联盟 BBS 等服务功能。是用户与联盟服务人员进行信息交流的媒介，用户可以通过信息服务平台更快捷、方便地从图书馆联盟内获得所需信息资源。用户之间也可以实现知识的交互传递，是面向用户需求的全方位、多层次、多元化的移动信息服务。

1. 移动网络终端选择

移动网络终端主要包括可接收短信息的智能手机、可运用无线网络的无线上网设备以及其他随网络技术不断发展而产生的可随时随地进入网络的设备。

2. 用户管家功能

是用户进行图书浏览和检索过程中主动为用户提供检索帮助、图书收藏以及联盟文献资源推荐服务，提供信息导航，指引用户快速获取所需信息并自动整理和更新用户浏览过的图书供用户选择使用。

3. 移动信息定制服务功能

随时为用户提供用户定制的相关内容，根据用户查询内容分析用户资源利用动向和信息获取方向并进行推送，提供全程式的跟踪服务，是针对性较强的学科专业化定制服务。

4. 学科服务和咨询服务功能

整合各专业学科及相关学科信息，方便用户能够在任何环境下获取所需的信息资源，提供个性化的服务和定题服务。为用户提供多种在线咨询服务和表单咨询服务，帮助用户解决服务过程中遇到的任何问题。

5. 特色服务和联盟 BBS

为用户提供天气、交通、生活百科等特色服务和个性化的定制服务。通过联盟平台进行交流，可以是馆员间的交流，也可以是用户和馆员的交流或者是用户之间的交流。

（三）移动图书馆联盟的意义

移动图书馆联盟由供应商提供整套的移动数字图书馆系统解决方案，解决了以往图书馆联盟信息资源有限的问题与版权问题，其管理体制与运行机制为移动图书馆联盟的运作提供了良好的内外部环境，有利于获得稳定的财政支持，拓宽资金来源渠道。移动图书馆联盟可以有效地整合联盟图书馆海量的纸质馆藏资源、数字信息资源与优质的信息服务，真正达到让用户在任何时间、任何地点都能够方便快捷、无限制地访问并共享任何一个图书馆的信息资源，成为图书馆联盟科学发展的共享模式，是图书馆联盟可持续发展的有效途径。可以预见，未来的图书馆联盟必将是移动图书馆联盟，必将成为图书馆信息资源共享的发展新方向与理想模式。

参考文献

[1] 吴环伟. 图书馆文献资源建设与共享服务创新 [M]. 长春：吉林出版集团股份有限公司，2020.

[2] 肖友国，徐桂花. 图书馆服务创新实践研究 [M]. 成都：西南财经大学出版社，2020.

[3] 孙桂玲. 图书馆服务创新理论与实践 [M]. 北京：九州出版社，2020.

[4] 杜陈惠子. 图书馆服务创新理论与实践 [M]. 哈尔滨：哈尔滨出版社，2020.

[5] 刘路. 智慧图书馆大数据与服务创新研究 [M]. 哈尔滨：哈尔滨出版社，2020.

[6] 王芳. 大数据背景下图书馆创新服务研究 [M]. 沈阳：辽宁大学出版社，2020.

[7] 王敏，吕巧枝. 图书馆服务创新与育人 [M]. 北京：中国农业出版社，2019.

[8] 任杏莉. 图书馆管理与服务创新研究 [M]. 长春：吉林科学技术出版社，2019.

[9] 孙桂梅，刘惠兰，王显运. 图书馆管理与服务创新研究 [M]. 北京：现代出版社，2019.

[10] 尹志强. 图书馆服务创新研究 [M]. 长春：吉林科学技术出版社，2019.

[11] 曲凯歌. 图书馆服务创新与管理研究 [M]. 郑州大学出版社，2019.

[12] 刘岩. 信息咨询视域下图书馆服务与创新 [M]. 沈阳：辽宁大学出版社，2019.

[13] 李颖. 图书馆创新服务 [M]. 北京：中国华侨出版社，2019.

[14] 宗波. 现代图书馆信息服务创新研究 [M]. 郑州：郑州大学出版社，2019.

[15] 陈三保. 新形势下图书馆服务与创新 [M]. 昆明：云南科技出版社，2018.

[16] 谭晓君. 图书馆管理与服务创新研究 [M]. 天津：天津科学技术出版社，2018.

[17] 杨丰全. 新形势下图书馆创新性管理与服务 [M]. 长春：东北师范大学出版社，2018.

[18] 汪涛，蒋美英，王艳红. 图书馆的服务创新与管理研究 [M]. 呼和浩特：远方出版社，2018.

[19] 范红领. 大数据环境下图书馆服务创新策略研究 [M]. 哈尔滨：哈尔滨地图出版社，2018.

[20] 王琴. 基于网络环境的高校图书馆服务创新研究 [M]. 中国原子能出版社, 2018.

[21] 刘艳红. 图书馆创新服务 [M]. 兰州: 甘肃人民出版社, 2018.

[22] 潘丽琼. 图书馆信息资源建设与服务创新研究 [M]. 长春: 东北师范大学出版社, 2017.

[23] 赵春辉. 数字图书馆管理与服务创新研究 [M]. 长春: 吉林文史出版社, 2017.

[24] 李梅. 信息时代背景下图书馆服务功能的优化与创新研究 [M]. 吉林出版集团股份有限公司, 2017.

[25] 李永钢, 张海静, 王力主编. 图书馆管理与阅读服务创新 [M]. 北京: 中国纺织出版社, 2017.

[26] 杨蓉蓉. 图书馆文献资源建设及服务创新研究 [M]. 长春: 东北师范大学出版社, 2017.

[27] 凌霄娥. 图书馆管理艺术与信息化应用研究 [M]. 西安: 西北工业大学出版社, 2020.

[28] 乔红丽. 图书馆信息管理与多元化发展研究 [M]. 长春: 吉林大学出版社, 2020.

[29] 顾志芹. 图书馆管理与信息应用 [M]. 沈阳: 辽海出版社, 2020.

[30] 刘聚斌, 宋红梅. 图书馆管理与信息存储 [M]. 沈阳: 辽海出版社, 2020.

[31] 章先贵. 图书馆管理与信息服务研究 [M]. 中国原子能出版社, 2020.

[32] 韩雨彤, 常飞. 图书馆信息资源建设发展研究 [M]. 北京: 应急管理出版社, 2020.

[33] 李小贞, 宋丽斌, 赵毅. 现代馆藏管理与资源建设 [M]. 长春: 吉林人民出版社, 2020.

[34] 马利华. 图书馆信息管理与服务研究 [M]. 延吉: 延边大学出版社, 2019.

[35] 孙爱秀. 图书馆管理与信息应用 [M]. 沈阳: 沈阳出版社, 2019.

[36] 李科萱. 图书馆管理与信息服务 [M]. 北京: 光明日报出版社, 2019.

[37] 刘春节. 图书馆管理与信息应用 [M]. 昆明: 云南科技出版社, 2019.

[38] 高媛. 图书馆信息管理及服务研究 [M]. 中国原子能出版社, 2019.

[39] 滕玉蓉, 刘皎. 图书馆信息资源建设与管理 [M]. 昆明: 云南科技出版社, 2019.